主体的・対話的で深い学び

藤井千春　著
早稲田大学教授

問題解決学習入門

学芸みらい社
GAKUGEI MIRAISHA

はじめに

21世紀を生きるための知的な資質・能力の育成

「新しい時代に必要とされる資質・能力の育成」として、「中央教育審議会答申」（平成28年12月）では、次の3点が挙げられています。

- ・学びを人生や社会に活かそうとする学びに向かう力・人間性等の涵養
- ・生きて働く知識・技能の習得
- ・未知の状況にも対応できる思考力・判断力・表現力の育成

今後、カリキュラムについては、「資質・能力の育成」という目標のもと、各学校でマネジメントしていくことが求められます。

「新しい時代に必要となる資質・能力の育成」に向けて、「何を学ぶか」（知識・技能の習得）、「どのように学ぶか」（思考力・判断力・表現力の育成）、及び「何ができるようになるか」（学びに向かう力・人間性等の涵養）、について、各学校で構想・実践されなければなりません。

答申では、特に「どのように学ぶか」について、「主体的・対話的で深い学び」が、「新しい時代を生きるための資質・能力を育成」する学習活動として提唱されています。

「主体的・対話的で深い学び」とは、どのような「学び」なのでしょうか。

それは子どもたちのどのような「学び」の姿なのでしょうか。

また、「主体的」「対話的」「深い」は、相互にどのように関連しているのでしょうか。

答申でも、また、その他の説明でも、わかりやすく示されてはいません。

子どもたちの具体的な「学び」の姿としてイメージできません。

本書では、特に「どのように学ぶか」について、つまり、「主体的・対話的で深い学び」とは何か、また、それはどのような学習活動によって子どもたちに遂げられるのかについて論じます。

みなさんと一緒に「主体的・対話的で深い学び」について、子どもたちの具体的な「学び」の姿として思い描いてみましょう。

教師の専門的な資質・能力が問われている

さらに本書では、そのような学習活動を指導・支援するために、教師に求められている専門性についても考えます。

現在、「学ぶ」ことに対する教師自身の考え方の転換が求められています。「主体的・対話的で深い学び」には、「学ぶ」という行動の仕方の転換が伴うからです。このため、教師自身にも、この世界の「人・もの・こと」と「主体的・対話的で深く」かかわっていく生き方が求められるのです。

従来の「理解させ、覚えさせ、ペーパーテストで得点を取らせる」という授業では、21世紀を生きる人間を育てることはできません。

子どもたちが、ⅰ 自ら立てた課題に、ⅱ チームで取り組み、ⅲ 「思考・判断・表現」する―という授業形態への転換が求められています。

つまり、「子どもたちが自ら動いて（主体的・対話的で深く）学ぶ授業」です。さらにいえば、学ぶことの価値を、学習活動を通じて世界とのつながりを豊かな互恵的なものにし、自分自身の生き方を連続的に構築していく（深く学ぶ）ことに置かなければなりません。

21世紀に生きる人間に課せられている課題は深刻です。例えば、グローバル化による多様な人々との共生、環境・資源・エネルギー・人口・食糧問題などの解決、情報化社会への対応など、これらの課題を解決できるかには、人類の存亡がかかっています。国内では、高齢化や過疎化などに伴う地方の生活課題は深刻です。新たな企業による雇用の創出や生活面でのサービスの維持など、これらの課題には地域の生活圏の存亡がかかっています。

「自分が理解し、覚え、ペーパーテストで点数を取る」という学習では、これらの課題に立ち向かう知的な資質・能力を育成することはできません。

学習活動の指導・支援の在り方の転換には、人々のグローカルな生活の存亡がかかっています。私たちは、グローカルな生活の存亡のかかった課題に立ち向かう、知的な資質・能力を子どもたちに育成しなければなりません。

はじめに　3

子どもの生活の仕方（生き方）を方向づけるような「深い」学びを成立させることは、教師が自らの「教師としての生き方」を問うことなしに遂げることはできません。つまり、「主体的・対話的で深い学び」を実践するためには、教師自身も「主体的・対話的で深い学び」を遂げつつ、生きるのでなければなりません。

子どもたちの学ぶことへの姿勢は、教師自身の生き方の反映なのです。

子どもたちの「学ぶ」ことに対する教師の責任が問われています。

問題解決学習を枠組みにして

本書では、「主体的・対話的で深い学び」を指導・支援する方法について、問題解決学習という枠組みから考えてみます。

問題解決学習は、我が国の第二次世界大戦終了直後の昭和20年代に、社会科を中心に採用された学習活動の指導法を直接的な起源とします。民主主義社会建設に必要な資質・能力の育成という主旨の下、子どもたちが日常生活で直面する問題を取り上げ、自分たちで事実を調べ、その意味について話し合い、自分たちの生活のあり方を考えるという学習活動法です。子どもたちにとっては、「自ら問い、調べ、考え、判断し、表現する」という学びの経験です。そのような経験を通じて、民主主義社会の構成員として必要とされる資質・能力の育成がめざされました。

しかし、昭和30年頃からの高度成長期では、「与えられた問題を決められた方法で解き、正解をいち早く導き出す」という、「情報処理能力」の育成が重視されました。いわば、算数・数学の応用問題を「早く確実に正確に解く」というような能力です。問題解決学習は、知識・技能を教えるのに効率が悪いという理由で遠ざけられました。この時代には、「自分で考えること」よりも、「決められた通りに遂行できること」が、知的な資質・能力として求められました。

時代や社会の状況によって、必要とされる知的な資質・能力は変化します。学習活動に対する指導・支援の方法についても同様です。

平成元年の学習指導要領で「自ら学ぶ意欲と力」の育成という「新学力

観」が打ち出されました。そのための指導・支援の方法として「問題解決的な学習」が奨励されました。その後の改訂では、「生きる力を育む」という言葉がキー・ワードとなりました。学校教育での学習活動の意味が正面から問われてきました。

この間、「学力低下」論争や学習指導要領の「内容の厳選」に対する批判も発生しました。

しかし、全国学力・学習状況調査やPISA学力調査などのデータからは、「自ら学級やグループで課題を立てて情報を集めて整理して、調べたことを発表するなどの学習活動に取り組んでいる」学級では、子どもたちの学力が高いことが示されています。

この点で、「主体的・対話的で深い学び」の指導・支援について、新規にゼロからの取り組みと考える必要はありません。わが国で実践された問題解決学習の実践の蓄積、及び「総合的な学習の時間」で達成されつつある成果に基づいて、新たに求められている学習活動に対する指導・支援の方法を構築すればよいのです。

ただし、教師自身がどのような教育観、学習観、子ども観を持ち、どのように生きているのかが鍵となります。

教師が哲学を持つことの必要性

「『主体的・対話的で深い学び』とは何か」を考えることは、「生きるとは何か」を問うことです。

教師自身がそこまで深く問うのでなければ、子どもたちに真の「主体的・対話的で深い学び」を生み出すことはできません。「『主体的・対話的で深い学び』とは何か」について、教師は、借りものの言葉ではなく、自分自身の生き方において納得している、「自分の言葉」で説明できなければなりません。

「学習」という言葉は、狭義には、「一定の時間に特定の知識・技能を習得する活動」と定義することができます。それに対して「学び」は、そのような狭義での「学習」を含みつつ、次のように定義することができます。

はじめに　5

「学び」とは、自らの生活を再構築していく活動です。「世界」（人・もの・こと）と、豊かに互恵的に相互作用できる関係を構築していく文脈的な活動なのです。

「学び」として、自らの生活の仕方を再構築していく過程は、一人一人の子どもによって、また、毎回の学習活動ごとに、それぞれに個性的です。

したがって、学習活動の目標は、固定的で狭い点としてではなく、ある程度の広かりのあるゾーンとして設定しなければなりません。学習活動の構想についても、一定の方向性のもと、単線的にではなく、複線的・迂回的・可逆的に構想しなければなりません。単元の学習活動の過程で、トラブルやハプニングなど偶発的な出来事の出態も想定しなければなりません。学習活動の指導・支援は、立体的に、三段構え、四段構えでもって構想し、柔軟に実行されなければなりません。「主体的・対話的で深い学び」を指導・支援する過程は、そのような不確実・不確定な要因・要素をはらんでいます。そこには絶対確実な方法はありません。教師は臨機応変に柔軟に計画や予定を変更し、予想外・予定外の事態を子どもの成長に価値あるものになるように対応しなければなりません。つまり、不確実・不確定な進路に逞しく乗り出していくという、教師自身の勇気と覚悟が必要なのです。

このように「主体的・対話的で深い学び」の授業実践では、教師の教育観、学習観、子ども観が問われます。教師には、子どもの成長について、世界（人・もの・こと）のつながりについて、幅広い視野と長期的な展望をもって見通すことが求められます。そのような視野と展望の中に、学習活動における「この子」の「この学び」の価値を見出し、それを次の発展へと確実に連続させることが専門的な資質・能力として求められているのです。

「主体的・対話的で深い学び」を指導・支援することについて、問題解決学習を枠組みとして考えてみましょう。そして、教師としての専門的指導力の形成とともに専門的な教育観の確立をめざしましょう。

「哲学を持つ」とは、自らの生き方、すなわち「世界」（人・もの・こと）とのかかわり方の原理・原則を求めて、「自ら学び続けること」なのです。

藤井　千春

目　次

はじめに

・21世紀を生きるための知的な資質・能力の育成
・教師の専門的な資質・能力が問われている
・問題解決学習を枠組みにして
・教師が哲学を持つことの必要性

I　問題解決学習って何？
―よくある疑問・質問に答える全体像

1　Q1＝教師は知識・技能を教えないのですか？ ………………………… 12
　　① 教師の「教えたつもり」
　　② 「文脈性のある学び」の中で
　　③ そもそも知識・技能とは
　　④ 学び方も変わった

2　Q2＝知識・技能を教える効率が悪いのではないですか？ ………………… 17
　　① 子どもの意識の流れを生み出す単元計画
　　② 必要性の自覚へと導く教師の指導
　　③ 子どもにとって「切実な問題」に遭遇させる
　　④ 走り出させてから学ばせる
　　⑤ 子どもから学級の子どもたちに示させる
　　⑥ 一人の学び手としての教師

3　Q3＝学級づくりが先ではないですか？ ………………………………… 26
　　① 「学級の子どもたちが育っていますね」
　　② 学習活動を通じての仲間関係の構築
　　③ 仲間とのかかわりを通じての自己有能感の育成
　　④ 「話し合い活動」は友だちとのかかわり方指導の場
　　⑤ 「話し合い活動」の目的と意義
　　⑥ 問題解決学習を通じての子どもたちの仲間関係の変化

7

4　Q4＝「この子」ばかりを見て全体は見ないのですか？ ·················· 33
    ① 抽出児を設定することの意味
    ② 教師の専門性の形成
    ③ 子どもを捉える専門性

Ⅱ 子どもたちの学ぶ力を育てる

1　「主体的」な学び─探究的に考える力を育てる ····························· 37
    ① 「主体的」な学びとは「探究する」こと
    ② 「心が動く」ことから始まる
    ③ 「自分の言葉」で語ること
    ④ 子どもは文脈の中で考え始める
    ⑤ 「思考力・判断力・表現力等」
    ⑥ 考える力を育てる日常的な手立て

2　「対話的」な学び─コミュニケーション能力を育てる ····················· 48
    ① コミュニケーションを「教師─発言児」の中に閉ざさない
    ② 子どもたちの間での直接的なコミュニケーションを取り持つ
    ③ 聞いている子どもたちの聞き方を指導する
    ④ 「一緒に考えて助けてあげること」
    ⑤ 「自分の言葉」で語り合うことによる対話の深まり
    ⑥ 「つぶやき」を活かして「対話的」に語らせる
    ⑦ 「つぶやき」と学級の子どもたちの「学力」水準
    ⑧ 各学年段階における「つぶやき」の指導と意義
    ⑨ 「盛り上がり」を協同的探究の経験へと高める

3　「深い」学び─生活の仕方を励まし支援する ····························· 63
    ① 自己評価としての「振り返り」
    ② 「振り返り」を書かせることの意義
    ③ 「振り返り」の構成要素
    ④ 「物語」としてのストーリー性を持たせる
    ⑤ 「学びの主人公」としての意識を持たせる

学習活動を構想・実践する

1 単元の学習活動の構想・実践 ……………………………………………… 72
　§1 単元構想の方法 …………………………………………………………… 72
　　1 子どもが「鍛えられて育つ」ための単元構想
　　2 「子どもがどう言うか」から考え始める
　　3 「仮の学習課題」から「真の学習課題」へ
　　4 「真の学習課題」に基づく「主体的・対話的で深い学び」の成立
　§2 個別学習と集団学習 …………………………………………………… 77
　　1 個別学習のねらい
　　2 個別学習での個別の支援から全体を育てる
　　3 集団学習
　　4 「個別学習」と「集団学習」の繰り返し
　§3 学習活動の「文脈化」 …………………………………………………… 81
　　1 体験活動や現地調査
　　2 豊かな直接体験から想像が生まれ理解が促進される
　§4 年間指導計画での単元配置 …………………………………………… 85
　　1 単元の軽重
　　2 「重点単元」のねらい

2 学習活動の価値についての考え方 ……………………………………… 87
　§1 調べ活動の指導・支援 ………………………………………………… 87
　　1 身体を通じて「『世界』の中で生きている自分」を実感する
　　2 「調べ活動」に効率を求めてはならない
　　3 「泥臭く調べる」力を育てる
　§2 「話し合い活動」の意義 ………………………………………………… 91
　　1 聞き合い考え合う「話し合い活動」
　　2 「交渉としての話し合い」の誠実な継続
　　3 聞いて相手を洞察すること
　　4 富山市立堀川小学校や奈良女子大学附属小学校の「話し合い活動」
　§3 子どもの「集団の教育力」の活性化 …………………………………… 96
　　1 子どもの「集団の教育力」

目次　9

② 子どもたちが「本源的」に求めているもの

　§4　地域のゲスト・ティーチャー ……………………………………………… 98

　　　① 「人」との出会い・「人の生き方」から学ぶ

　　　② 子どもたちが「大人としての生き方」を意識できるようにするための留意点

　　　③ 大人との「橋渡し」の役割

　§5　評価観の転換 ……………………………………………………………… 102

　　　① 子どもの心の動きを肯定し励ますこと

　　　② その子どもの「よさ」を見つけることから始める

　　　③ 子どもの「よさ」を伸ばすための「評価」

Ⅳ 教師としての「学び」と「成長」

1　研究授業の分析と検討 ……………………………………………………… 107

　§1　研究授業の目的と意義 …………………………………………………… 107

　　　① 子どもの「資質・能力」を育てるための授業研究

　　　② 「子どもを捉える」という専門性を高めるための研究方法

　§2　授業観察の視点と方法 …………………………………………………… 110

　　　① 観察の視点と方法の転換

　　　② 観察対象児を決める

　　　③ メタ記録を取る係を決める

　　　④ 「よさ・成長・可能性」が示されている言動を発見する

　§3　協議会の持ち方 …………………………………………………………… 114

　　　① 専門家集団としてふさわしい協議会

　　　② 協議会の進め方

　§4　研究授業を通じての教師たちの成長 ………………………………… 115

　　　① 研究授業に対する授業者の責任

　　　② 校内研究を通じての「同僚性」の形成と「チーム学校」の構築

2　「『いい先生』って、どんな先生だったの？」 ……………………………… 118

　　　① 高校生徒との対話から

　　　② 「ぼくたちを信頼して自由にやらせてくれた」

　　　③ 不安定・不確実性を引き受ける教師

　　　④ 「可能性」を見つけて、「可能性」に働きかける

5　「成熟した大人」であること

3　やってみよう 124

 1　子ども観察の記録を積み重ねる―子どもを常に捉え直す―

 2　授業記録を起こす―子どもの声を聞き直す―

 3　実践記録を執筆する―子どもたちの成長を物語にする―

おわりに

事例 1	言葉を知っているが知識として活用できない	16
事例 2	「えっ？　電話帳って……」	24
事例 3	和太鼓か、自作の打楽器での演奏会か	29
事例 4	自分が体験した感覚に基づいて考えて理解を深めようとする	40
事例 5	屁理屈のように考えることの大切さ	43
事例 6	「めあて」から「まとめ」へと流れるように進んだけど……	48
事例 7	算数の授業の変化	55
事例 8	ふしぎな天気	57
事例 9	「外国語活動」の学習成果を決めるもの	61
事例10	「振り返り」の事例（小学 5 年「社会」）	67
事例11	密度の濃い探究物語	69
事例12	生の素材を使用した直接体験	81
事例13	「座れない子、かわいそうだろ！」	84
事例14	遊びながら豊富な知的気づきを蓄積する	90
事例15	否定せずに聞いてあげる	93
事例16	あきらめない気持ち	101
事例17	私が大人になったら	112
事例18	安心して自分と学級を開く	117
事例19	子どもの可能性を開いておく	122

Ⅰ 問題解決学習って何？
―よくある疑問・質問に答える全体像

　問題解決学習に対して、しばしば以下のような質問が出されます。

・教師は知識・技能を教えないのですか？
・知識・技能を教える効率が悪いのではないですか？
・学級づくりを先に行うことが必要だと思うのですが？
・「この子」ばかりを見て全体に眼が行き届いていないのではないですか？

　「主体的・対話的で深い学び」の指導・支援に関しても、このような質問が出されます。これらの質問には正面から答えなければなりません。
　しかし、「主体的・対話的で深い学び」の授業実践には、子どもたちの学習活動を見る教師自身の眼のゲシュタルト・チェンジが不可欠です。

1　Q1＝教師は知識・技能を教えないのですか？

1　教師の「教えたつもり」

　終戦直後の問題解決学習に対しては、「這いまわるだけ」「知識の系統性の無視」「教師の指導性の放棄」など、様々な非難が浴びせられました。
　学習活動では教師の確かな指導性が発揮されなければ、子どもたちに必要な知識・技能を習得させる機会は発生しません。結局は「這いまわるだけ」の活動で終わってしまいます。その点で、問題解決学習でも、必要な知識・技能は、教師の指導性のもとで習得させなければなりません。
　しかし、教科内容の学問的な論理の系統に基づいて、子どもたちに知識・技能を伝達するという系統学習の指導法で、子どもたちに知識・技能を定着

させることはできるのでしょうか。そもそも、教師が教科書に即して知識・技能を系統的に教えても、計算や漢字のように日常生活での直接的な活用が前提とされているもの以外は、子どもたちはすぐに忘れてしまうという点が問題なのです。しかも、全国学力・学習状況調査のＢ問題の通過率の低さから明らかなように、「習得したはず」の知識・技能を、具体的な問題解決において、子どもたちは活用できないのです。

　子どもたちに知識・技能を系統的に伝えたとしても、教師の「教えたつもり」という独りよがりにすぎないのです。

② 「文脈性のある学び」の中で

　「主体的・対話的で深い学び」では、子どもたちが知識・技能を習得するうえで、「文脈性のある学び」を重視します。「文脈性のある学び」とは、次のような意識のもとで展開される学習活動です。

　ⅰ　自らが見出し、自らが達成の価値を実感している課題に、自らの意志で取り組んでいるというように、子どもの「主体性」に基づいて探究的に学習活動が推進されている。
　ⅱ　その過程で、体験活動や仲間との協力や話し合いなど、「世界」（人・もの・こと）との「対話的」なコミュニケーションが、子どもたちの必要感から必然性を持って展開されている。
　ⅲ　その過程において、また結果として、自分の生活についての見方・考え方が拡大・深化し、自分と「世界」との関係の仕方が豊かになったということが、手応えとして実感されている。

　「文脈性のある学び」とは、課題を達成するという自らの目的意識とその必要感に基づいて、子どもたちが探究的・協同的に取り組み、課題の達成を通じて自分の成長を実感できる学習活動です。

　つまり、「世界」と自分との関係が向上的に変容していくことを、学習者自身が実感しつつ進められる学習活動です。このような「文脈性のある学

び」によって習得された知識・技能は、しっかりと身について活用されるのです。したがって、「主体的・対話的で深い学び」でも、子どもたちに知識・技能を習得させることは重視します。この点で教師は「教える」ことを意図します。

　しかし、教師の役割は、「文脈性のある学び」を構成し、その過程で知識・技能を必要とする場面を生み出すことにあるのです。そして、そのような場面で、教師は、必要な知識・技能を子どもに発見することを促したり、教師がその存在を示唆したりするなどして、子どもたちに活用させつつ習得させるのです。

　確かに、必要性を生み出して子どもたちに発見的に学ばせるという点では遠回りです。しかし、課題解決という文脈の中で、知識・技能が習得されるとき、それは子どもたちに活用可能な形態で習得されるのです。このように、知識・技能を習得させる点に教師の指導力が示されるのです。教師には、このような学習活動の指導・支援者としての専門性が求められます。

③　そもそも知識・技能とは

　知識・技能とは、そもそも何なのでしょうか。

　1980年頃から、人文・社会科学の分野では、知識についての考え方が大きく転換しました。

　実証主義的な知識観から構成主義的な知識観への転換です。

　実証主義では、この世界の真なる様相と正しく対応し、その様相を記述した文（知識）が「真理」と見なされていました。そしてこの立場では、「真理」を個人が獲得する活動を学習と考えてきました。したがって、学習活動では、「真理」とされている文を、子どもたちに獲得させることがめざされました。ですから、学習指導では、「真理」とされる文や言葉を暗記して復唱できることに、「学習」の成果が求められました。このため、暗記して復唱できる文や言葉の所有量が、「学力」と見なされてきたのです。

　しかし、1980年頃から知識の「実在対応説」は否定されました。

　知識とは、この世界で目的をもって行動するための規則を示したものとい

14

う考え方に転換しました。例えば、海峡に橋を架ける、隣国との紛争を解決するなど、知識とは、現実世界での具体的な課題達成のために、「世界」（人・もの・こと）と、どのように相互作用するのかについて述べられた規則です。技能とはそのための行動方法です。

　つまり、課題の達成に取り組むという文脈の中で役立つことに、知識や技能の価値はあるのです。課題の達成という文脈から切り離されて知識・技能は、意味あるものとしては存在しえないのです。したがって、「学ぶ」ことの目的に関する「真理を知る」という伝統的な考え方は、もはや成り立ちません。「学ぶ」ことの目的は、それにより「世界」の中で課題の達成に向けて「行動できる」ようになることにあるのです。

　学習活動では、行動するために役立つ「知識・技能を習得」させるとともに、それらを活用できる「資質・能力の育成」がめざされるのです。

　そのような知的な資質・能力を育成するためには、課題達成という具体的な文脈の中で、問題解決の必要性に基づいて知識・技能の習得を図ることが、最も効率的で確実性の高い学習活動の指導法となるのです。問題解決学習は、知識・技能の習得と、それを活用して行動できる資質・能力の育成との統一的な指導・支援をめざす学習法です。「主体的・対話的で深い学び」でも、知識・技能の習得がめざされます。課題の達成に向けて「行動できる」ようになることが「学び」の目的です。ですから、活用の場面を通じて習得し、行動するために活用できることが「学力」と見なされるのです。

④　学び方も変わった

　知識・技能の意味や学ぶ目的の転換には、学び方の転換も伴います。

　知識・技能の価値は、課題の達成という「行動において使用されること」に示されます。文脈の中で、すなわち、現実的な課題の達成をめざす取り組みにおいて活用されことに、その知識・技能の価値は示されます。

　ですから、学習活動では、その知識・技能を実際に活用できる能力の育成が遂げられなければなりません。つまり、自ら課題を設定してその達成に向けて取り組むという能力の育成です。さらに言えば、文脈性のある活動を自

ら設定して、価値を創り出していく能力とも言えます。

そのような資質・能力は、その知識・技能を活用して、実際に「世界」（人・もの・こと）と相互作用して課題の達成をめざすという「文脈性のある学び」を、意図的・意識的に行うことを通じて育成されます。子どもたちは、課題を達成しようとして、意図的・意識的に「世界」と相互作用することを通じて、しだいに自分と「世界」との相互作用的な関係（規則）を学び、「世界」の中で目的を持って行動することができるようになるのです。

しかし、子どもは、一人で孤立的に「世界」との相互作用を試みても、知識・技能を学ぶという点では効率は悪く、「這いまわる」だけになりがちです。構成主義では、知識・技能は、人間集団に「文化」として蓄積されていると考えられています。この点で、知識や技能は、原則的には年長者から子どもたちに伝達されます。しかし、子どもたちを受動的な状態にして、一方的にコトバで注入することはできません。構成主義では、子どもは年長者と一緒に、年長者の監督的な展望の下、年長者や仲間と対話をしつつ体験的に活動することを通じて、知識や技能が習得されると主張します。

ですから、学習活動については、教師（年長者）によって監督・配慮されて、必要に応じて対話的に指導・支援されつつも、子どもたちが課題の達成に主体的に、仲間と協力・協同して取り組むという、「文脈性のある」活動として実践されることが重要なのです。

このように問題解決学習では、教師の専門的な役割を重視します。

しかし、教師が指導性を発揮する授業とは、教師が子どもたちに「理解させて覚えさせる」という授業ではありません。問題解決学習でも、子どもたちに知識・技能の習得をめざします。しかし、習得のさせ方が大きく転換しているのです。

事例1　言葉を知っているが知識として活用できない

国会議員などの資質やモラルが問われる事件が起きると、新聞に次のような投書がしばしば掲載されます。

「教養や常識など、レベルの低い議員がおり、政治不信が増している。医師や弁護士、公認会計士などと同じように、議員立候補資格認定試験を導入し、その合格者に立候補資格を与えるようにすべきである。」

学生たちにこの投書の主張、すなわち、「議員立候補資格試験の導入」の是非について検討させます。みなさんはどのように考えるでしょうか。

答えは簡単です。現在の日本の国家体制ではそのような制度を実現することは不可能です。

なぜでしょうか。

日本国憲法で、そのような法律の立法が禁止されているからです。日本国憲法の三大原則の一つである「国民主権」に抵触するからです。憲法で認められている国民の選挙権・被選挙権を制限することになるからです。

ほとんどの学生は「国民主権」という言葉は知っています。小学校第6学年の社会科でこの言葉に出会っているはずだからです。しかし、それをこのような問題を解くための知識として活用できないのです。

これは、言葉を知っているだけという典型的な事例です。

このような問題解決に活用できずに、言葉だけを知っていたとしても、それを「学力がある」といえるのでしょうか。

2　Q2＝知識・技能を教える効率が悪いのではないですか？

1　子どもの意識の流れを生み出す単元計画

「文脈性のある学び」を通じて知識・技能を習得することの意義は理解できても、次のような疑問が残されているかもしれません。

ⅰ　習得できる知識・技能の数は少ないのではないか。
ⅱ　知識・技能は系統化されずにバラバラなままではないか。

問題解決学習は、知識・技能の習得には効率が悪いという疑念です。

しかし、問題解決学習は、知識・技能をしっかりと定着させるだけではなく、効率的に習得させることも可能な指導・支援の方法なのです。

　問題解決学習では、次のように子どもたちの学びを指導・支援します。すなわち、教師は、単元の学習活動を構想する際に、その単元で子どもたちに共通に習得させたい知識・技能を列挙します。そして、それぞれの知識・技能について、次のように考えてみます。

　Ａ．どの知識・技能を、どのような追究をしている子どもに習得させるか。
　Ｂ．どの知識・技能を、どのような場面で子どもたちに発見させるか。

　Ａは、知識・技能について、ⅰその知識・技能に関係のある追究をしている子どもに、ⅱタイミングを見計らってその知識・技能を習得させ、ⅲその後の話し合い活動の中でその子どもから全体に出させる—という発想に基づく方法です。

　Ｂは、ⅰタイミングを見計らって、このような問題を子どもたちの中に成立させて、ⅱその場面で適切なヒントを与えて、ⅲ子どもたちにその知識・技能を発見的に習得させよう—という発想に基づく方法です。

　つまり、子どもたちに学ぶことへの必然性のある意識を生み出し、その流れに即して「教えるべき知識・技能」を、単元の学習活動の中に計画的に配置するのです。このように、子どもの意識の流れの中に、学ぶことが必要となる状況や場面を生み出して、そこで知識・技能の習得と共有を図るのです。

　問題解決学習、さらには、子どもの資質・能力を育成することをめざす学習活動は、単元の展開を教科内容の論理に即して構想するのではありません。子どもたちの「学び」についての意識の流れを予想して、その流れを生み出し、それに即して学ぶことが必要となる場面を設定する—というように構想するのです。

　そこで教師は、子どもたちに教材に出会わせたときに、次のような点につ

いて予想してみるのです。

　ⅰ　子どもたちは教材についてどのような興味・関心をもつか。
　ⅱ　どのような驚きや疑問を示すか。
　ⅲ　どのようなことを調べたい・やりたいと言い出すか。
　ⅳ　子どもたちはそれぞれにどのように動き出すか。

　このように、単元における子どもたちの意識の流れを予想して、それが生み出されるように学習活動の展開構想図を描き出します。そして、「このような関心を持った子どもたちは、このことについて疑問を持ち、それについて調べてみたいと言い出し、このように動き始めるだろう」というように、いくつかの展開のパターンを想定してみるのです。そのようにして、それぞれの子どもの個別の追究に中で、その子どもが知識・技能を必要性に基づいて習得する、あるいは、追究の過程で発生した問題解決の必要性に基づいて知識・技能を習得する―という状況や場面を設定するのです。

② 必要性の自覚へと導く教師の指導

　問題解決学習では、「教師は子どもたちに知識・技能を教えない」という言説は嘘です。しかし、通常的な意味では「教えない」のです。教師は、子どもが知識・技能を学ぶ必然性を生み出して、子どもたちが知識・技能を学ぶように導くのです。正しく言えば、問題解決学習では、教師は、子どもたちに知識・技能を教えるのではなく、自ら学ぶように導くのです。

　先のAの方法では、教師は、子どもたちの意識の流れを予想して、「この知識は、この疑問を追究している○○さんに習得させよう」、「この技能は、このような調査をしようとしている△△さんに習得させよう」というように計画するのです。つまり、一人一人の子どもの追究の筋道を予想して、それをどのように支援するかという観点から、その子どもに知識・技能にどのように出会わせて活用させ習得させるか―と考えるのです。このように、その単元で共通に習得させたい知識・技能を、その知識・技能を学ぶ必要性が生

Ⅰ　問題解決学習って何？　　19

まれると想定される子どもに配置するのです。言い換えると、教師は、学ば
せたい知識・技能を必要とするように、それぞれの子どもの追究を導くので
す。このように、その単元で共通に習得させたい知識・技能を子どもたち
に、それぞれの追究の筋道や特色に応じて割り振るのです。

　Bの方法では、学習活動の展開の過程に、その知識・技能を習得しなけれ
ば抜け出すことのできないような落とし穴を設定しておくのです。そして、
子どもたちがそこに陥るように、教師は素知らぬ顔をして導くのです。子ど
もたちは意欲的に追究を開始すると、子どもたちは興味・関心に引っ張られ
て走り出します。ですから「走り出してから足りないことに気づく」、「気持
ちばかりが先走って転んでしまう」、「想定していなかった壁が立ちはだかっ
ていた」など―の事態が発生して、子どもたちは慌てふためきます。そのよ
うな事態に陥って、子どもたちは必要感を持って「学ぶ」のです。

③　子どもにとって「切実な問題」に遭遇させる

　問題解決学習の単元では、単元の開始時に大枠としての「学習課題」を設
定することはできます。

　しかし、子どもが「学ぶ」のは、その課題の達成をめざして取り組んでい
る学習活動の過程で直面した、不足・失敗・妨害・壁などの想定外の事態を
乗り越えようとするときです。そのような不足・失敗・妨害・壁などの想定
外の事態が、子どもたちにとっての「切実な問題」なのです。

　教師は、単元の学習活動が展開される過程で、子どもたちに、どのような
問題に直面させることができるか、また、そこでどのような知識・技能を活
用させることかできるか―を予想します。子どもたちが問題解決の必要性か
ら知識・技能を学ぶという場面を準備するのです。教師は、子どもたちが、
必要性に基づいて知識・技能を学ぶように導くのです。

　もちろん、問題解決学習の単元では、教師にとって予想外・予定外の問題
に子どもたちが直面することもあります。そのような場面でこそ、教師の専
門的な指導力が問われます。有能な教師は、教師の予想・予定を超えた問題
を子どもたちが発見したとき、子どもたちの思考の自由さや奥深さに驚きを

感じます。そして、単元計画を柔軟に修正して、その問題解決が子どもたちに価値ある「学び」となるように導きます。

4　走り出させてから学ばせる

　ある活動を開始するときに、そこにおける議題解決のために必要な知識・技能を、事前にすべて習得しておくことは可能でしょうか。また、そうでなければ活動を開始することはできないでしょうか。

　もちろん、できる限り見通しを立てて、必要な装備を整えることは大切です。しかし、「走り出してから、走りながら必要なものを揃えていく」というのが現実です。事前の準備の大切さを自覚するのも、このような経験をするからです。また、転んでしまうほどの勢いで走り出すという強い動機がなければ、想定外の事態を乗り越えることはできません。

　単元の学習活動の過程で、子どもたちに準備不足、先走り、想定外の事態などが発生することは、教師の単元の構想の失敗ではありません。むしろ、子どもたちに必要性に基づいて知識・技能を学ばせる好機なのです。また、それだけ教材や活動が魅力的だからです。ですから教師は、単元の構想において、そのような落とし穴を要所にいくつか仕掛けておき、そこに子どもたちが陥るように誘い込むのです。

　子どもたちを落とし穴に陥れて、子どもたちを慌てさせて、困らせて、「何とかしなければ」という意識に追い込むのです。そのように問題解決に必要な知識・技能を、子どもたちが必然性を持って習得するように計画するのです。このようにして知識・技能を学んで問題を解決した経験は、その後にその知識・技能を活用できるだけではなく、学ぶことの意義の自覚や学ぶことに対する意欲と自信の形成に連続します。

5　子どもから学級の子どもたちに示させる

　しかし、Aの方法については、その知識・技能を活用した子どもは必然性を持って習得するとしても、他の子どもたちにはどうなのかという疑問が残されています。

Ⅰ　問題解決学習って何？　　21

問題解決学習の単元は、「話し合い活動（集団での学習）」と「一人学習（個別での学習）」を柱にして展開されます。奈良女子大学附属小学校や富山市立堀川小学校では、この二つの学習活動を柱にして、単元の学習活動が展開されています。

　Aの方法では、まず「一人学習」の時間で、ある知識・技能の使用を必要としている子どもを見つけ出します。そして、その子どもにその知識・技能を使用して追究を深めされる支援をするのです。

　例えば、次のように支援します。

　T「○○さんは、みんなに『〜だよ』と、自分の考えを伝えたいのだね。
　　その証拠が『これだ』というのだね。だけど先生は、この証拠だけでは
　　まだ弱いと思うな。みんなにはわかってもらえないかもしれないよ。も
　　う少し証拠となる事実が必要だなと思うよ。何かもっとないかな？
　　（その子どもに考えさせる対話）　実はね、先生は資料集でこのようなグ
　　ラフを見つけたのだけど、これを使うことはできないかな？　使えるか
　　どうか、使えるとしたらどのように使えるか考えてみるといいよ。」
　T「○○さんは、このことについて調べて、みんなに『事実は〜だよ』
　　と、自分の調べた事実を知らせたいのだね。でも、この方法だとその事
　　実について調べることはできるかな？　他にもっといい方法はないのか
　　な？　（その子どもに考えさせる対話）　だったらこういう方法もあるけ
　　ど、このような方法ならばうまくできるのではないかな？　どう？
　　やってみる？」

　教師は、「一人学習」の時間に、それぞれの子どもにこのように個別指導して、必要な知識・技能を示唆したり、使用することを提案したりします。その際に、その知識・技能を使用するかの選択は、形式的にはその子どもの自己決定に委ねます。自分の意志で採用したという気持ちにさせることが大切です。このように示唆や提案をして、その子どもに自ら知識・技能を習得し、自ら活用して、自らの追究を、自ら充実・発展させている―という感覚

を持たせるのです。

　そのうえで、「話し合い活動」で、その知識・技能が必要とされる状況を生み出します。そして、その子どもが発言する機会を設定します。その際、その子どもが自分でその知識・技能を発見して活用したかのように発表させます。

　それを受けて教師は、次のようにその子どもが示した知識・技能を他の子どもたちに確認します。

　　T　「○○さん、それどこで見つけたの？　えっ？　資料集の35ページ？
　　　　みんな、そのグラフを見てみようか。どういうことがいえるかな？」
　　T　「みんな、今、○○さんが調べた方法がわかった？　どのような方法
　　　　だった？　誰か説明してくれる？」

　このようにして、子どもから出させ、教師はその知識・技能を他の子どもたちに確認させるのです。子どもは、友だちが言ったことをよく聞き、行ったことをよく見ています。そして、そのことをよく覚えています。

　教師がこのように確認することにより、子どもたちは、友だちが示した知識・技能をしっかりと自分のものへと吸収します。子どもの学習技能を育てる秘訣について、「一人を育てて全員を育てる」と言われます。少し手を貸せば伸びるような子どもから育てて、その子どもをモデルにして全員に真似させていくのです。

　また、子どもたちにとって、身近な友だちが「できた」という事実は、自分もできるようになりたいという努力を引き出す最大の動機づけになります。そのような事実が刺激となり、子どもたちの努力を促し、全員が「できる」ようになったという効果を生み出すのです。「チャンピオン効果」といわれる現象です。

　教師は、いわゆる子どもの「集団の教育力」を利用することにより、対話的に知識・技能を、子どもたちに効率的に習得させることができるのです。

　このようにして、発表した子どもには、自分の学んだ知識・技能を活用し

Ⅰ　問題解決学習って何？　　23

て仲間の学びに貢献できたという、学び手としての有能感が育ちます。また、周囲の子どもたちには、友だちの学びを認めることにより、自分も高まったという感覚を持つことができます。このようにして「対話的」に学ぶ能力が育成され、同時に学習集団として、子どもたちの仲間関係も互恵的なものに、また高め合えるものに構築されていくのです。

事例2 「えっ？　電話帳って……」

　小学6年の社会科の学習でのことです。

　地域で活躍した戦国武将を教材にして学習活動が展開されていました。

　一人の男児がその武将の子孫が地域に住んでいないか、もしいれば代々伝えられている話を教えてもらうという課題を立てて追究を進めていました。その男児は、発表のとき、調べる方法について、その武将と同じ姓の人に手紙を出してアンケート調査をしたと述べました。

　そのとき、教師は次のように口を挟みました。

　T「手紙を出したというけど、どのようにして住所を調べたの？」

　男児「電話帳で調べました。」

　T「えっ？　電話帳って、電話番号を調べるのに使うのでは……」

　男児「電話帳には、電話番号の脇に住所も書かれています。」

　T「住所も書かれている？　みんなそのこと知っていた？」

　（C　「そうだよ」「本当？」……）

　T「でも、13軒のうち、よく8件もの人が返事くれたね。」

　男児「切手を貼った返信用の封筒を入れておきました。」

　（C　「そうか！」「そうすれば返事書かないと悪いかなという気持ちになるよね。」）

　電話帳で調べることも切手を張った返信用封筒を入れておくことも、個別指導で教師が示唆していました。このようにして一人の子どもから出させて、有効な学習技能を学級の子どもたちに共有させたのです。

　＊注・現在ほど携帯電話が普及しておらず、また、個人情報が問題とされていない
　　　時期に行われた授業です。

24

6 一人の学び手としての教師

　教師が学問や教科書などの権威を背景にして、「上から目線」で子どもの学習活動を「指導」する授業では、子どもたちの資質・能力を育成することはできません。

　教師は、どのような立ち位置を取るのが大切なのでしょうか。

　一人の子どもが「えっ？　だけど……」というように「つぶやき」を発したことから、子どもたちが真剣に考え合うような問題が発生することがあります。そのような「つぶやき」はたいていの場合、教師にとって予想外・予定外のものです。そのような「つぶやき」にどのように対応し、そこから子どもたちの学びを生み出すことに教師の実力が示されます。

　教師は、そのような「つぶやき」を聞き逃してはいけません。また、そのような「つぶやき」が出やすい雰囲気を教室に形成しなければなりません。

　教師が「上から目線」で「指導」する学級では、このような「つぶやき」は出ません。担任した当初、特に前担任が「上から目線」で「指導」していた学級では、子どもたちが落とし穴に陥っていても、そのこと気づかないことがあります。子どもたちは、他人事のように冷ややかな態度で傍観していることもあります。そのような場合、教師は次のように子どもたちの「話し合い活動」に介入します。

　Ｔ「ちょっと待って。先生はみんなの話を聞いていて、ここのところがわ
　　からない（気になる）のだけどなあ。どうなのだろう？」

　このように、教室で「一緒に学んでいる一人」という立ち位置で、子どもたちの話し合いに介入します。そして、子どもたちの話し合いがデッド・ロックに乗り上げていることを十分に意識させたうえで、教師は、次のように知識・技能を子どもたちに提示するのです。

　Ｔ「先生もこのことがよくわからなかったので、市役所に行って○○さん

に話を聞いてみました（様子を見せてもらい、ビデオに撮ってきました）。」

　T「先生は、○○さんにこんなやり方を教えてもらったのだけど……。」

　「教師が学んできた」というように子どもに示します。つまり、「学び手」としてのモデルとなるのです。教師は、子どもたちに学び方のモデルを示しつつ、子どもたちに知識・技能の習得を図るのです。

　教師が「教えたこと」は、子どもの心にはほとんど残りません。しかし、教師が「モデルとして子どもたちに示したこと」は、子どもたちの心に強く残り、子どもたちの学びを方向づけます。教師がどのような態度で、どのような方法で「学んだ」のかは、子どもたちに大きな影響を与えるのです。

　このようにして、知識・技能と学び方とを統一的に指導するのです。

3　Q3＝学級づくりが先ではないですか？

1　「学級の子どもたちが育っていますね」

　問題解決学習の授業、特に話し合い活動を参観した教師たちからは、子どもたちの学ぶことへの自主性や主体性が育っていること、また、コミュニケーション豊かな仲間関係が構築されていることなどが評価されます。そして、「学級づくりが大切ですね。子どもたちが話し合えるような学級かできていないと問題解決学習はできませんね」という声を聞きます。

　確かに、荒れている学級では問題解決学習は成立しません。また、子どもたちが冷ややかに牽制し合っている学級でも、問題解決学習の授業は成立しません。この点で、参観者たちに評価されるような問題解決学習が成立する学級の子どもたちは、学ぶことへの意欲にあふれています。子どもたちが自主的・主体的に協同して、「対話的」に学ぶ姿を見ることができます。

　では、「子どもたちが育っている学級」でしか、問題解決学習の授業を行うことはできないのでしょうか。つまり、「学級の子どもたちが育っている」ことは、問題解決学習の授業を行うための前提なのでしょうか。

26

② 学習活動を通じての仲間関係の構築

　子どもたちの意欲的で互恵的な仲間関係は、具体的な課題解決に向けて取り組む活動を通じて構築されます。つまり、仲間とのかかわり方は、学習活動を通じて、自分たちで設定した課題を達成していく場面において、そのために仲間とかかわり合うという経験を通じて身につくのです。

　荒れている学級だからこそ、子どもたちが相互に牽制し合っている学級だからこそ、問題解決学習の授業を通じて、コミュニケーション豊かな仲間関係を構築していくことが必要なのです。つまり、仲間との協同的な学び方を、学習指導の中で学習指導と一体にして育成するのです。

　問題解決学習は、学習指導と生活指導との統一的な指導法なのです。

③ 仲間とのかかわりを通じての自己有能感の育成

　問題解決学習では、次のような学習活動をそれぞれの子どもに即して生み出すことができます。すなわち、自分の興味・関心から生まれた疑問について、自分の足を使って現地に出かけて自分の眼で様子を見て、自分の耳で地域の人から話を聞き、自分の手を使って実際に体験するなど、自分自身の体を使って調べる活動です。

　このような追究を、教師が背中を押して励ましてやり遂げさせ価値づけます。それによって、その子どもに、「自分も結構いいことができるのだ」という自己有能感を持たせることができます。そのようにして、その後の学習活動への意欲が高まるのです。問題解決学習では、このような成功体験をそれぞれの子どもの個性的な持ち味に応じて生み出すことができます。

　そして、教師は子どもたちのそのような学びを伝え合う活動を設定し、相互に認め合い、貢献し合い、助け合うことを促すのです。それぞれの学びが高まるという実感を持てるように導くのです。仲間の学びに貢献し、それが仲間に認められたと自覚することにより、その子どもの自己有能感はさらに高まるのです。子どもの自己有能感は、仲間とのかかわりの中で、仲間に貢献してそれを認められたという経験を通じて、社会性のある自己有能感へと

Ⅰ　問題解決学習って何？　　27

形成されるのです。

　このようにして、子どもたちにそれぞれの学びが遂げられるとともに、子どもたちの間に、学び合い高まり合うという仲間関係が構築されるのです。

④ 「話し合い活動」は友だちとのかかわり方指導の場

　「話し合い活動」とは、子どもたち相互の具体的なかかわり合いが現実において展開されている状況です。相互の考えにどのように対応しかかわり合うのかに関する指導は、子どもたち相互の関係のあり方について考えさせ、子どもたちの仲間関係を構築させていく生活指導でもあるのです。

　「話し合い活動」では、子どもたちに、次のような感情を生み出すことができます。

　　ⅰ　自分の発言を友だちがしっかりと聞いてくれた。そして、応えてくれた。それによって自分の考えの足りないところがわかり、それについていろいろなことを教えてもらい、自分の考えがよいものになった。
　　ⅱ　友だちの発言を聞いて一緒に考えて、そのことを伝えてあげたら、友だちがそれを受け入れて役立ててくれた。

　「話し合い活動」で、このような感情が子どもたちに生まれることにより、お互いを大切にし合う関係が構築されていくのです。相互の発言をしっかりと聞き合い応え合うという活動は、相互を尊重し合い誠実につながり合うという体験なのです。子どもたちにとって、そのような生活の仕方を実践的に身につける活動なのです。

⑤ 「話し合い活動」の目的と意義

　「話し合い活動」とは、必ずしも「一致する答え」を見つけ出さなければならない活動ではありません。

　「話し合い活動」とは、第一に、自分とは異なった考え、あるいは、異なった考え方をする他者と出会う活動です。そのような他者が存在すること

を知り、他者の存在を認める活動なのです。

　そして、第二に、そのような他者についての理解を試みる活動です。自分とは異なった考えについて、なぜそのように考えるのか、その根底にはどのような願いがあるのかなど、対話を通じて、他者をその存在の根底から洞察してわかろうと努める活動なのです。

　そのうえで、第三に、他者と一致できる地点を交渉して探っていく活動です。勝ちか負けかではなく、相互にとって最大限ウィン・ウィンの結果となるように、粘り強くしかも誠実に解決策を探究していく活動なのです。

　例えば、学級で何かを決定するとき、多数決で決定しても、否決された少数の側には不満が残ります。決定された活動への意欲を高めることはできません。ギリギリまで時間をかけても、全員が納得するまで話し合いをさせることが必要です。問題解決学習で話し合い活動を経験している子どもたちは、先に示したような観点を踏まえて、比較的スムーズに全員が納得できる決定を生み出すことができます。

事例３　和太鼓か、自作の打楽器での演奏会か

　小学６年生の学級で、秋の文化行事での出し物をめぐって、和太鼓演奏をするか、ボール紙の筒や木片などを使用した自作の楽器による演奏をするか、二つの案が出されて話し合いが行われました。

　前年までの６年生は和太鼓演奏に取り組んできました。保護者の希望も和太鼓演奏が強く、また、和太鼓だと指導についても無難に進めることができます。

　しかし、自作の打楽器での演奏を提案した子どもたちは、演奏のＤＶＤを教室に持ってきてみんなに見せ、道具の作り方や練習の方法などについても熱心に説明しました。そして、何よりも「みんなで取り組む最後の合奏」という点で、「自作」ということの意義を強く訴えました。

　教師は時間をかけて両方の考えを出させ合い、相互の魅力やそれをやれたい気持ちについて理解し合えるように配慮しました。少しずつ、自作の打楽器演奏に賛成する子どもが増え始め、１か月をかけた話し合いの末、

Ⅰ　問題解決学習って何？　　29

最終的には全員一致で自作の打楽器演奏に取り組むことになりました。

　練習では、全員が前向きに取り組み、子どもたちの協働の姿が示されました。担任の教師は、卒業に向けて子どもたちの仲間関係が一段と成長したと実感しました。時間をかけて、双方のそれぞれの理由やそれを主張する根底にある感情について理解し合うという経験が、自分たちの生活上の問題を自分たちで誠実に解決していくという力を子どもたちに育てるのです。

6 問題解決学習を通じての子どもたちの仲間関係の変化

　多少古いものですが、興味深い調査結果があります。

　ソシオメトリー調査によって、問題解決学習の授業を取り入れることにより、4年生の学級の子どもたちの仲間関係がどのように変化していったかを追跡したものです。調査ではそれぞれの子どもに、「一緒に学習活動をやりたい人」を3人、「やりたくない人」を3人あげさせ、またその理由についても尋ねました。

　　＊注・ソシオメトリー調査とは、「誰と一緒に活動したいか／したくないか」を通常3〜5人ずつ調査用紙に記入させ、学級内の仲間関係や感情関係の構造を明らかにするために行われる調査です。そして、選択関係、排斥関係を図に可視化することによって、子どもたちの間での友人関係や対立関係、選択や排斥の集中などを把握することができます。ただし、現在ではほとんど行われていません。

　その学校では、それ以前には問題解決学習が実践されたことはありませんでした。その年度から新たに転任してきた、問題解決学習を長く実践してきた教師によって開始されました。したがって、4月当初の子どもたちの仲間関係は、どの学級でも見られる一般的なものといえます。

　子どもたちの仲間関係は、次のように変化していきました。

4月

　・選択関係では、男女間に交流はなく、いくつかの小グループに分かれて

いる。

・排斥関係では、どの子どもも誰かを排斥し、また特定の子どもに排斥が
集中している。

・選択・排斥の理由は、それまでの日常的な行動に対する相互の好悪の感
情に基づいている。

7月

・選択関係では、男女間に交流が生まれ、特定の子どもに選択が集中して
いる。

・学習活動で自分を助けてくれる子どもが選択されている。

・学習活動で動かない子どもや妨害をする子どもが排除されている。

12月

・選択関係では、学習活動でみんなに貢献している子どもが選択されてい
る。

・排斥関係では、ほとんどの子どもが排斥をしていない（一部の子どもの
み、排斥・被排斥が残っている）。

3月

・「一緒にやりたい人は3人では足りない」「やりたくない人はいない」と
いう声が子どもたちから出される。選択理由に友だちの努力や成長が挙
げられている。

次のようにいうことができます。

　問題解決学習には、話し合い活動など、子どもたちが自分たちで動いて学
習活動を進める場面が多くあります。教師は、子どもたちが自分たちで判断
して動かざるをえない状況をつくり出しています。そのような状況の中で、
教師は具体的な場面を押さえて、子どもたちにそのような状況で、自分たち
でどのように動くことができるか、また、どのように動くことが必要なのか
について考えさせているのです。そのようにして、その後は自分たちで判断
して動けるように育てています。

　そのようにして、子どもたちは自分たちで考え合う、協力する、助け合う

Ⅰ　問題解決学習って何？　　31

などの活動を行うことができるようになるのです。また、そのように自分たちで動くことを観点にして、相互の行動について具体的に評価するようになるのです。このため、7月の段階で子どもたちは、自分たちで動くという学習活動において、自分を助けてくれた行動を友だちの「よさ」として見るようになります。ただし、7月の段階ではうまく動くことのできない友だちの行動についても批判的に見るようになっています。このことは一時的な反動といえます。そして、12月の段階ではみんなに貢献している行動が評価され、さらに3月には友だちの努力する姿や成長した姿を見るようになっています。しだいに排斥数も減少しています。3月には、子どもたちから排斥したい友だちはいないという声が出されました。

　また、教師は、子どもたちが自分で判断して行動した場面で、「○○さんは、みんなにわかりやすく説明したいのですね」、「△△さんは、○○さんの発表をしっかりと聞きたいというのですね」というように、その子どもの行動が学級の他の子どもたちに対してどのような効果を持つのか価値づけます。つまり、教師は、子どもたちに、実際に動いて活動するという状況の中で、友だちに貢献する行動の仕方を学ばせ、そのように動くことのできる場を設定しています。また、友だちの貢献を見つけさせ、それを認めることにより自分も高まるという実感を持てるように指導しているのです。

　教師はしばしば、「友だちのよさを見つけよう」と口にします。しかし、子どもたちが自分のよさを具体的な行動で発揮できる場面は設定されているでしょうか。また、それを見つけ合って認め合う方法を身につけさせているでしょうか。問題解決学習の学習指導において、教師は友だちに貢献するような行動の仕方を子どもたちに考えさせて実行させ、それを相互に認め合うような機会を意図的に設定するのです。問題解決学習の指導・支援を通じて、教師は、子どもたちのコミュニケーション豊かな互恵的な仲間関係を構築し、その中で子どもたちが学び合い、支え合い、高まり合っていくような生活の仕方を機能させるのです。

　このように学習指導を通じて生活指導を達成するという視野において、問題解決学習の授業を実践していくのです。

＊注・この調査は、1990年度、落合幸子氏によって静岡市立中藁科小学校の築地
久子氏の学級の子どもたちに実施された調査です。詳細なデータは落合幸子・
築地久子『築地久子の授業と学級づくり』（明治図書、1993年）に掲載されて
います。ただし、データについての解釈は藤井の責任によります。藤井による
分析と考察については、拙著『問題解決学習のストラテジー』（明治図書、
1996年）に掲載されています。

4　Q4＝「この子」ばかりを見て全体は見ないのですか？

1　抽出児を設定することの意味

　問題解決学習では、数名の抽出児を設定して単元の学習活動を構想しま
す。つまり、「この子ども」たちがそれぞれどのような追究を行うかを予想
して、さらに、「この子ども」たちに、それぞれどのような追究をさせたい
かを構想して、単元の学習活動の展開を計画します。また、実施した授業を
分析・検討する際にも、抽出児について「この子ども」がどのような追究を
展開し、「この子ども」にとって本時の、あるいはこの単元の学習活動がど
のような意味を持ちえたか、「この子ども」がどのように育ったかについて
考え合います。
　抽出児には、一般的には、次のような子どもが選ばれます。

　ⅰ　教師にとって「気になっている子ども」。つまり、その子どもの考え
　　方や感じ方、根底にある感情や願い、成長を期待できる方向などについ
　　て教師が探りたい子ども
　ⅱ　この単元のこの教材で「育てたい子ども」。つまり、その教材を使用
　　した学習活動で、その子どもの考えや感じ方を揺さぶり、切実な追究を
　　成立させることが期待できるような子ども

　抽出児を設定することは、「この子どもの個性的な成長のために、この教
材を使用して授業を行う」という思想に基づく授業実践です。つまり、「教
材のため」ではなく、「子どものため」にという思想の具体化です。

Ⅰ　問題解決学習って何？　　33

しかし、このような研究方法について、しばしば次のような疑問が寄せられます。

　i　「この子ども」ばかりを見て、全体に眼が行き届かなくなるのではないですか？

　ii　「この子ども」以外の他の子どもたちはどうでもいいのですか？

　もちろん「全体」も見ます。また、他の子どもたちがどうでもよいというわけではありません。

　しかし、一人の「この子ども」について深く捉えて理解することができないで、果たして「全体」を見ることはできるでしょうか。

　さらにいえば、「全体」を見るとはどのようなことなのでしょうか。

　「全体」とは、個と個のつながりによって構成されています。重要なのは個と個がどのようにつながり合って、全体が構成されているかなのです。

　一人の「この子ども」に着目し、その子どもが他の子どもとどのようにつながっているのかを見ることが大切なのです。一人の子どもを見ることによって、その子どもとの具体的・個性的なつながりを通じて、別の子どもも具体的・個性的な存在として見てくるのです。そのような子どもたち相互の具体的・個性的なつながりが明らかになって、全体が具体的に詳細に見えてくるのです。

② 教師の専門性の形成

　問題解決学習の授業を研究的に行うことの目的の一つは、次の点にあります。すなわち、子どもを捉えて理解し、それに基づいて学習活動を指導・支援するという教師の専門性を高めることです。

　そのために抽出児を設定し、「この子ども」にとって価値のある学習活動を構想するのです。そして、「この子ども」にとって、本時、あるいは本単元の学習活動にどのような意味があったのかを分析・検討して評価するのです。

つまり、教師は、単元の学習活動の構想において、次のように考えます。

ⅰ　「この子ども」の興味・関心、持ち味、生活での願い、成長上の課題
　　などについて思いを巡らす。
ⅱ　その子どもの現地点から可能な成長の方向を明らかにする。
ⅲ　その一歩先に、その子どもが全力でジャンプすれば飛び移ることので
　　きるステップを設定する。

このように「この子ども」の個性的な成長の方向を見定めて、そこに向か
う道筋を読み、一歩前進するための方策を探るのです。
　そして、そのような視野において、その子どもと教材とをどのように出会
わせ、どのような問いをもてるように導き、どのように追究を支えるかを考
えるのです。その子どもの意識の流れを予想して、それに即した追究の道筋
を考え、必要かつ効果的な指導・支援の手立てを考案するのです。実践の後
には、学習活動におけるその子どもの表現（発言、作文、行動、友だちとの
かかわりなどの事実）に基づいて、次の点について分析・検討します。

ⅰ　その子どもがどのような問いに基づいて、どのような追究を展開した
　　か。
ⅱ　どのような自らの意味世界を新たに生成したか。
ⅲ　その子どもの成長をさらに連続させていくために、次にはどのような
　　手立てが必要か。

特にⅲが重要です。「この子ども」の成長を連続させていくことが教育で
す。「次につなげていく」ための手立てを考えることが実践研究の重要な目
的なのです。

③　子どもを捉える専門性

このように授業を構想・実践して分析・検討することは、「この子」の個

性的な成長の歩みを生み出させる支援なのです。そのような歩みに教科内容や教材を効果的に役立てることが必要です。

　授業の主役は教科内容や教材ではありません。授業の主役は、学習活動に取り組む「この子ども」なのです。主役として位置付けられることにより、その子どもは「主体的に学ぶ」ことができるのです。「この子ども」の成長に帰結しないならば、「深く学ぶ」という点で授業実践の価値はないのです。

　問題解決学習の研究授業で、「この子ども」の学びを取り上げて、「この子ども」の学びに注目するのは、教師に、「この子ども」にとって価値ある学びを生み出すための支援力を形成するためです。そのために「この子ども」の視点に立って、「この子ども」がどのような意味世界を生きているのかを洞察し、学習活動を通じてその意味世界がどのように生成・発展しているのかを読み取ることを試みるのです。そのようにして一人の子どもを深く捉えて理解し、その子どもの個性的な意味世界の生成・発展に即した支援ができる専門性を形成するのです。

　そして、教師が随時、必要に応じて「その他の子ども」についても、その子どもの視点に立って学習活動におけるその子どもの意味世界の生成・発展について読み取り、適切に対応できるようになることをめざすのです。つまり、子どもの発する様々なサインに対する感受力を高め、その子どもの願いや求めを洞察して理解し、適切に対応できる能力を高めるのです。教師のこのような専門性は、以上のような実践研究を通じて形成されます。問題解決学習の実践は、子どもの成長と教師の成長との同伴的な道筋なのです。

Ⅱ 子どもたちの学ぶ力を育てる

「新しい時代に必要となる資質・能力を育成」する学習活動の在り方について、「主体的・対話的で深い学び」という言葉で表現されています。

「主体的・対話的で深い学び」とは、どのような学習活動なのでしょうか。子どもたちの具体的な姿においてイメージしなければなりません。

この言葉の意味については、子どもの「生きること」にとって、「学ぶ」ことがどのような意義をもつべきなのかという視点から考えなければなりません。

「はじめに」で述べたように、「学び」とは自らの生活の仕方を再構築していく活動です。「世界」（人・もの・こと）とより豊かに互恵的に相互作用できる関係を構築していく活動なのです。

そのような学習活動が「主体的」に「対話的」に「深く」遂げられていくとは、どのようなことであり、また、どのようにして可能となるのでしょうか。子どもたちの具体的な活動の姿でイメージしてみましょう。

1 「主体的」な学び─探究的に考える力を育てる

① 「主体的」な学びとは「探究する」こと

「主体的」な学びであるためには、次のことが条件となります。

「子ども」が主語になり、子どもたちが、自ら問い、調べ、考え、判断し、表現するという、子どもたちが、探究的に考えている学習活動であることです。「探究」とは、学習者が、自らの問いとしているテーマについて、自らの思考の働きを解決に向けて自ら反省的に統制しながら、自分の頭で考えている活動です。このような点で「探究」は「主体的」な学びなのです。

このような「主体的」な学びは、どのようにして生み出されるのでしょ

か。「自分の心が動くこと」「自分の言葉で語ること」「つぶやきを活かすこと」などを手がかりに考えてみましょう。

② 「心が動く」ことから始まる

「探究」、すなわち、子どもが自分の頭で考えるという「主体的」な学習活動は、どのようにして発生するのでしょうか。つまり、考えることは、どのようなきっかけから開始されるのでしょうか。

それは、「心が動く」ことから始まります。

「心が動く」とは、五官を通じて「世界」についての情報を感知したとき、「面白い」「変だ」「同じだ」「違うぞ」「どうして？」「これはいける！」「冷たい」など、感情的な反応が生じることです。そして、その感情的な反応について反省され、例えば、「綿のように柔らかかった」「氷を触ったときと同じくらい冷たかった」など、言語によって表現されることにより、その「心の動き」は「知的な気づき」となります。

「心が動く」ということに関して、次の点に注意しなければなりません。

① 先行する実体験の必要性

第一に、「心が動く」ためには先行する実体験が必要です。

感知された情報が、ある性質を持つ先行体験を思い出させ、両者が対比されることにより、「面白い」「変だ」……など、感情的な反応が生じます。つまり、「心が動く」のです。体験が不足していると、子どもは情報をそのように感知することはできません。アイデアが「閃く」こともありません。

「探究」の開始には、豊富な直接体験が基盤として必要なのです。

ですから、生活科などの学習活動では、子どもたちに五官を通じて多様な情報を豊富に得ることのできる体験活動を数多く提供し、そこから多様な「気づき」を引き出しておかなければなりません。また、朝の会などでの「ミニ話し合い活動」で、子どもたちに自分の生活の中の出来事を語らせ、そこから様々な「気づき」を引き出して蓄積させておくことが必要です。

感知された情報が、そのような先行体験とつながることにより、子どもの「心が動く」、すなわち感情的な反応が生じるのです。そのように「心が動

く」のでなければ、問いは成立しません。「心が動く」ことなく、「探究」は
開始されません。

② 感覚的な情報の重要性

　第二に、「心が動く」きっかけとなる情報は、文字だけではなく、視覚
的、聴覚的、臭覚的、味覚的、感覚的など、身体の五官から感知されます。

　「探究」、すなわち「主体的」な学びでは、論理的・合理的に思考が展開さ
れなければなりません。しかし、それは反省的に点検・整理する際に求めら
れる条件です。思考が閃きや想像などによって前へと進んでいるときに、思
考は論理を飛躍・超越して非合理的に展開しています。思考がある程度まで
進展してから、自らの思考の過程を立ち止まって反省するときに、思考され
た内容が点検され論理的に整理されるのです。

　「探究」の過程は、思いつきや直感など、理性や論理の枠組み外の思考の
働きによって開始されます。感覚は、非合理的で非論理的なものですが、そ
れを排除してしまっては「探究」、すなわち、考えることは開始されないの
です。日常的に五官を大いに働かせて、感覚的に気づくことを楽しみ合う活
動が大切です。教師から与えられたことを「理解して覚える」授業に馴らさ
れてしまうと、子どもたちは「心が動く」ことを封じられてしまいます。

③ 子どもの「心の動き」に基づく問いから

　第三に、子どもの真剣な追究が生み出される問いは、「心が動いた」こと
から得られた「知的な気づき」を基にして成立します。

　例えば、以前体験した対象や状況と異なる側面を見出した場合には、「な
ぜそうなのか？」「どちらが本当なのか？」などの問いが生まれます。ま
た、同じだとしても「なぜ同じなのか？」「いつでもどこでも同じか？」な
どの問いが生まれます。これらの問いは、その子ども自身の体験に根差した
「知的な気づき」から生まれます。だから子どもは、自らの問いとして意識
して、「主体的」に追究するのです。

　あるいは、問いは、友だちの「心の動き方」との相違から生まれる場合も
あります。感知された情報が同じでも、子どもの間ではそれぞれの「心の動
き方」も、そこから得られた「知的な気づき」も、同一ではありません。子

Ⅱ　子どもたちの学ぶ力を育てる　　39

どもたちが「知的な気づき」を出し合う過程で、ズレや対立が明らかになることがあります。

そのようなとき、教師は子どもたちの間のズレや対立が明らかになるように支援します。それぞれの子ども自身の感知に基づいた自分の「知的な気づき」と、他の子どもの「知的な気づき」との間のズレや対立に気づくように促します。子どもは自分の五感で感知した、自分の「心が動いた」ことに基づく「知的な気づき」だからこそ、それぞれに譲ることはできないのです。こだわりを持つのです。

ここから、子どもたちの「主体的」な追究を生み出すような問いが生まれます。一生懸命に考える、仮説を持って観察するなどの学習活動が、必然性を持って連続していくのです。

問いは単元の開始時に、教師が資料などを与え、さらには既習事項を想起させるなどして生まれるのではありません。つまり、教師が子どもたちに情報を与えて、子どもたちの思考を都合よく操作しても、問いを生み出すことはできません。

子どもたちの「心が動く」ことから、「探究」（考えること）が開始されます。子どもの「心が動く」のでなければ、「主体的」な学びには連続しません。「心が動く」ように、子どもたちを日常的に育てましょう。

事例4　自分が体験した感覚に基づいて考えて理解を深めようとする

子どもたちは消防署の見学で、ヘルメットを被る、消防服を着る、消火ホースを持って放水するなどの体験をしました。

教室に戻って「話し合い活動」で、次のような発言がありました。

「消防服は、冬に着るオーバーよりも厚いから、消火するとき火の近くに寄ったら、中がすごく汗が出るくらいに熱く感じられると思う。消防士さんは、脱水症にならないのかなと思った。」

「それに、すごく重いし、それにホースも重いから、坂とか上った奥にある家が火事のとき、途中で疲れてしまうのではないか心配です。」

「大丈夫だよ。消防士さんは体力があるから。」

　「そうだよ。いつも訓練しているから。」

　「消防士さんになるとき、体力テストとかあるのかな？」

　消防服や消火ホースをもった体験で得られた自分の感覚を出発点にして、子どもたちは消防士の仕事について考えています。

　火事が発生したときの消防士の動きやそれに備えての日常的な訓練の意味、さらには採用のための適性などについて、「主体的・対話的」に、自分の生活や将来の在り方などとつなげて、子どもたちは「深く」学んでいるといえます。

③ 「自分の言葉」で語ること

　例えば、子どもが教師に向かって、教師が求めているような内容（正答）を発言しているようなとき、その子どもは「主体的」に考えているのでしょうか。子どもが「主体的」に考えていることは、どのような発言に示されるのでしょうか。

　話し合い活動において、自分の考えを友だちにわかってもらおうと一生懸命に語っている発言、あるいは、友だちの考えについて真剣に検討して書かれている「振り返り」の文は、「自分の言葉」で語られて（書かれて）います。

　その意味について、自分でしっかりと理解している言葉が使用され、相手にわかってもらうことを意識して論理が組み立てられ、また、自分と友だちとが共通にわかり合える事例や喩えを用いて説明がなされています。

　「自分の言葉」とは、自分の直接体験、すなわち、自分自身と世界（人・もの・こと）との相互作用の経験に根ざしている言葉です。自分と世界とがどのように結びついているかを語っている言葉ともいえます。子どもが、あることがらについて、自分の生活での経験を事例や喩えに説明しているようなとき、その子どもは、「自分の言葉」で説明しているといえます。

　また、「自分の言葉」が使われている場合、その発言には相手意識が感じ

Ⅱ　子どもたちの学ぶ力を育てる　　41

られます。相手にわかってもらいたいと意識して語っている点に、子どもが主体的に考えていることが示されています。

しかし、ともすると、そのような発言は「幼稚だ」「一面的だ」「這いまわっている」「屁理屈を言っているだけだ」「学術的ではない」などと批判されます。教師は、教科書に書かれているような言葉を復唱させなければ、自分が「きちんと教えた」ということに不安を感じてしまいがちです。

ですが、学術的な一般性の高い言葉を使用して話したり、教科書に書かれていることと一致したことを話しさえすれば、その子どもは「きちんとした内容を学んでいる」のでしょうか。これは、「言語主義」の状態です。子どもの考える力は、「文脈性のある」対話の中で、自分について相手にわかってもらおうと対話することを通じて育成されます。

4　子どもは文脈の中で考え始める

イギリスの教育社会学者のバーンスティンによる研究では、次のことが指摘されています。

中産階級の家庭では、子どもは幼少時から親との間で、問う、考える、説明する、理解する、比較して選択する、自己決定するなどが含まれる会話を積み重ねています。他方、労働者階級の家庭では、親は子どもに一方的に命令するだけです。考えさせて自分から行動させるのではなく、命令して服従させようとします。

つまり、具体的な文脈の中で、日常的に対話を積み重ねることが、子どもの知的成長に大きく影響するのです。子どもは具体的な文脈の中で考えるという経験を積み重ねることにより、考える能力が育つのです。抽象的にものごとを考える力も、そのように具体的な文脈の中で考えることの積み重ねに基づくのです。抽象的な問題を文脈化して理解できるようになるのです。

ですから、具体的な体験を通じて、自分の心が動いたことを、「自分の言語」で伝え合う学習活動を十分に積ませることが不可欠です。

問題解決学習では、子どもたちに自分の「心が動いた」ことに基づいて問いを成立させます。そして、そこから自分たちの足を使って現場に出かけ、

自分の眼で様子を見、自分の耳で当事者から話を聞き、自分の手や体を使って実際にやってみるという調べ活動を重視します。そして、「文脈性のある」学習活動の中で、子どもたちに、問う、考える、説明する、理解する、比較して選択する、自己決定するなどの対話を、子どもたち相互の間で、あるいは、教師や地域の大人たちとの間で経験させます。

　そのような学習活動の中で、子どもたちは、自分の問いについて、自分の体験した事実を基に、自分の考えを持ち、それをわかってもらいたいという意識でもって語り合います。したがって、子どもの考える力を育成するためには、子どもにとって自我関与している「文脈性のある」追究において、友だちに自分をわかってほしいという相手意識をもって、「自分の言葉」で語れるようにしなければなりません。子どもは自分の身の丈で、自分の頭で精一杯に考えて、相手にわかってもらいたいという意識で、「対話的」に話し合い活動の経験を積み重ねることによって、「主体的」に学ぶ「資質・能力」が育つのです。本人も意味のよくわかっていない「借り物の言葉」を使わせても、子どもの学ぶことへの主体性や考える力は育ちません。

　教師の役割は、子どもたちが相互の間で、「自分の言葉」で話し合うような対話を取り持つことです。「自分の言葉」による対話の中で、子どもたちは考えているのです。「主体的」に学ぶという経験が遂げられるのです。

事例5　屁理屈のように考えることの大切さ

　小学3年生の社会科で、地域にあるスーパーマーケットが、郊外型のショッピングモールの開店の影響で撤退したことが話題となりました。

　「スーパーがなくてもコンビニがあるから大丈夫だよ。」

　「でもコンビニでは、肉や魚、野菜なんかが置いてないよ。」

　「お弁当を買えば、肉も魚も入っている。」

　「でも、お弁当に入っている肉や魚は少しだけでし、カップに入って売られているサラダやお総菜は高いとお母さんが言っていた。」

　「だったら、ショッピングモールに行けばいい。」

　「でも、うちのお母さんは免許持っていないから車で行けない。」

Ⅱ　子どもたちの学ぶ力を育てる　　43

「だったらチャリンコで行けばいい。」

「でも、仕事終わってからチャリンコで行くと疲れてしまう。」

「それに、お年寄りがあそこまでチャリンコで行くのは危ないよ。」

「お年寄りには、駅前の商店街がある。」

「バスで行けるよ。」

「確かに。でも、駅前の商店街は何かお年寄りばかりで寂しい気がする。」

「デパートもあるよ。あそこへ行けば高校生とか若い人もいるよ。」

「だけど、あそこへ行くと、つい無駄遣いしそうで怖い。」

　子どもたちは自分の見聞きしたことについて自分の言葉で発言しています。そして、発言が関連してつながっています。このようにして、地域の消費生活をめぐる様々な問題が語り出されています。

5　「思考力・判断力・表現力等」

　「探究」とは、子どもか主体的に考える活動です。「探究」とは、子どもたちが問い、調べ、考え、判断し、表現するという学習活動です。「思考力・判断力・表現力等」は、「探究」における（広い意味での）思考の中心的な働きです。

　これらは（広い意味での）思考のどのような働きなのでしょうか。

①　「思考力」

　「思考力」とは、ものごとや出来事の関連を広げていく思考の働き方です。

　ですから、あるものごとや出来事の関連（意味）を拡張し、広いつながりの中に主題を位置付けることが「思考力」です。例えば、ある問題について、ⅰその背景にどのようなことが存在するのか考えること、ⅱこのまま放置された場合、どのような事態が発生するのか予想すること、ⅲその解決のための選択肢をできるだけ多く考え出し、それぞれの選択を実行した場合に発生する出来事について、できるだけ詳しく予測すること―などは、「思考力」によるものです。また、つなげていこうとすると、「つながっているはずなのにつながっていない」、あるいは「つながっているはすないのにつな

がっている」ことなどの発見もあります。

「思考力」を働かせて関連を広げていくことにより、このようにして新たな問題を発見したり、解決策が示唆されたりするのです。

② 「判断力」

「判断力」とは、ものごとや出来事の関連について検討・評価する思考です。

例えば、想定した複数の解決策について、それぞれのメリット・デメリットを比較検討し、どれが最も現実的で効果的かを決定するような働きです。つまり、最も適切な選択肢を選ぶという働きです。この点で「思考力」によって関連が拡張されていることが、「判断力」が適切に働く前提となります。

③ 「表現力」

「表現力」とは、「思考力」と「判断力」がどのように働いたのかを反省して、整理・記録・伝達する働きです。

「思考力」と「判断力」の働きは反省されなければ、どのように働かせたのか、どのような関連を認知したのかは、やがて忘れ去られてしまいます。

「学ぶ」とは、「できるようになる」ことです。つまり、後に類似した問題状況に出会ったときに適切に使用できるようになることです。あるいは、他者の問題解決でも使用できるように伝えられることです。そのためには、自分の問題解決における自分の「思考力」と「判断力」の働きについて反省し、言語などによって整理・記録することが必要です。また、他者に伝達できるようにまとめることも必要です。

このために「表現力」という働きが必要となるのです。

「思考力・判断力・表現力」が子どもたちの思考において働くためには、学習活動が子どもにとって「文脈性のある学び」であることが必要です。学習活動が、そのような追究が展開される探究でなければなりません。

Ⅱ　子どもたちの学ぶ力を育てる　　45

6 考える力を育てる日常的な手立て

　子どもたちの考える力が育つためには、ゆったりとした温かく自由な雰囲気で、相互の発想を楽しみ合える活動が必要です。つまり、ブレーンストーミング的な雰囲気で話し合える活動が必要です。意外性のあること、斜めや裏から見たこと、ズレたこと、大胆に予想したことなどを自由に出し合い、そのような発想を楽しみ合えることが基盤になければなりません。

　教師は、そのような発言の中から面白い対立や問いを見つけ出そうと、支援的なフォローを行います。そのようにして、子どもたちは、自由に発想して気づきや考えを出し合い、そこから自分たちで追究する価値ある問いを自ら発見するようになるのです。それぞれが自由に発想できる学級の雰囲気の形成は、教師が日常的に取り組まなければならない仕事です。

　もちろんそのような雰囲気は、問題解決学習の授業を通じて形成されます。

　しかし、授業以外でも、例えば、富山市立堀川小学校の「朝の会」や、有田和正氏の日記指導などは、考える力を育てるうえで効果的な方法です。

---

① 富山市立堀川小学校「くらしのじかん」

　富山市立堀川小学校では、「朝の会」で15分間程度を使用して、一人の子どもが自分の生活での出来事を語ります。

　そして、友だちとの対話を通じて、その出来事の自分にとっての意味について考えを深めます。もちろん教室にいる他の子どもたちも、発表者の話や友だちの間での対話を聞きながら、自分の生活の中での出来事を思い出し、その意味について考え直します。そのような話し合い活動では、子どもたちは、友だちにわかってもらいたいという意識から、自分について「自分の言葉」で語っています。

　そのようにして、友だちとの対話を通じて自分の生活について、いわば「文脈の中で考える」という活動が行われています。

②　有田和正氏の「はてな帳」

　有田和正氏（1935－2014）は、筑波大学附属小学校の教諭（その後、愛知教育大学教授などを歴任）として、社会科の問題解決学習を実践してきました。有田氏の学習指導は、子どもたちの追究への意欲や能力の育ちについて高く評価されていました。そのような子どもたちの追究力の高さは、有田氏が独自に開発に取り組んだ子どもたちの意表を突く「授業のネタ」、すなわち、ユニークな教材の開発と使用によるといわれています。独自の教材と発問によって子どもたちの思考を揺さぶり、子どもたちを真剣な追究へと導く指導から、授業の名人と評されています。

　しかし、有田氏の学級の子どもたちに見られる追究力は、「はてな帳」という、子どもに生活の中で「はてな？」と感じたことを発見して書かせる日記指導が基盤となって育てられていたと思われます。

　子どもは「はてな？」を探そうとして、日常生活で出会うことがらや日常生活で発生する出来事をよく観察します。そして、子どもは、例えば、台風で木が交番の反対方向に倒れていることを見て、木が「逮捕されたくなかったから」というように、あるいは、蚊が電車の中に入ってきたことを見て、「蚊も電車でお買い物に行くのかな」というように、「不思議なこと」「面白いこと」と意味づけるのです。

　つまり、子どもは「はてな帳」を書くために、「はなて？」を見つけようと意識して生活での出来事を見るのです。そのようにして問いや新たな発想につながる意味を発見するのです。そこから考える力が育成されるのです。それが社会科の学習活動における子どもたちの追究力として示されていたのです。さらにいえば、有田氏はそのような日記の優れた事例を子どもたちに紹介し、それをモデルとして他の子どもたちの考える力を伸ばしていたと推測できます。

　スピーチ活動や日記指導を取り入れている学級は多いでしょう。それらを

子どもの考える力の育成に連続するように指導・支援することが重要です。

2 「対話的」な学び—コミュニケーション能力を育てる

1 コミュニケーションを「教師—発言児」の中に閉ざさない

教師に向かって、教師が求める正答を伝えている発言を、他の子どもたちは聞いているでしょうか。

しばしば一人の子どもの発言が終わるやいなや、数人の子どもたちが「他にあります！」と教師にアピールして挙手する場面を見ます。そのように挙手する子どもは、誰に自分の発言を聞いてほしいのでしょうか。

このような発言は、教師に向けらており、教師に認められたいという動機によるものです。他の子どもたちは、発言内容について、教師の求めるストライクゾーンに入っているか、外れているかという基準で聞いているにすぎません。発言が活発であっても、このような授業を「対話的」な学びということはできません。子どもたちが、コミュニケーションを通じて考え合い、その過程で相互の知識・技能を交換し合って協同的に学ぶという学習活動は行われません。

「対話的」な学びを生み出すためには、子どもが発表・発言している場面での教師の役割について、考え方を転換しなければなりません。

教師は、親切心から、発言している子どもを助けたくなります。発言に言い淀んで困っていたり、言葉が見つからなかったり、説明が足りなかったりすると、口をはさんで助け船を出してしまいます。確かに、そのような助けを必要としている子どももいます。

しかし、教師が発言している子どもの話を助けると、教師と発言している子どもとの間でコミュニケーションが閉ざされてしまいます。教師と発言している子どもとの間での対話になってしまいます。他の子どもたちはそこから締め出され、真剣には聞いていないという状態になります。

事例6　「めあて」から「まとめ」へと流れるように進んだけど……

　授業において、子どもたちに「めあて」と「課題」によって何を学ぶのかを意識させ、「まとめ」において何を学んだのかを明確にさせることは大切です。

　しかし、その形式を整えて進めているだけの授業をしばしば見ます。

　ある研究授業のことでした。

　「めあて」から「まとめ」へと滞りなく授業は進行しました。

　しかし、子どもの発言は教師に向けられており、発言の内容も教科内容に関連した一般性の高い言葉によるものでした。しかし、友だちの発言に対する他の子どもからのつぶやきなどによる反応はありませんでした。特に、子どもたちの発言が対立するような場面もなく、きちんと学ぶべき内容がまとめられて時間通りに授業は終了しました。子どもたちのノートもきれいに整理されていました。

　次の時間は総合的な学習でした。

　子どもたちは発表会に向けて、それぞれ発表する内容についてグループでアドバイスし合うという目的で活動が行われました。

　教師は、発表の「声の大きさ」やポスターの「字のきれいさ」などではなく、内容についてアドバイスし合うように伝えていました。

　しかし、子どもたちのグループ活動は極めて低調で、自分たちで活動を目的意識を持って進行させているとは見えませんでした。ふざけやからかいなども眼につく状態でした。アドバイスも表面的なものにとどまっていました。

　子どもたちには、相互にかかわり合って活動を進める能力が育っていないのです。教師が「めあて」から「まとめ」へと滞りなく進む授業を行っても、結局は、教師（学校）にとっての「学力の高まる授業をきちんと行っています」という見栄えづくりやアリバイ工作にすぎないのです。自分たちで学ぶ力が子どもたちに育っていなければ、見栄えを整えても子どもたちの力を高めることはできません。

Ⅱ　子どもたちの学ぶ力を育てる　　49

② 子どもたちの間での直接的なコミュニケーションを取り持つ

教師の役割は、話し合い活動を次のように構成することにあります。
ⅰ　子どもに、自分の考えを友だちに向けて語らせる。
ⅱ　聞いている子どもたちに、発言者の考えを一緒に考えながら聞かせる。
ⅲ　聞いている子どもたちに、発言者の考えが発展するように、発言者に向けて応えさせる。
教師は、子どもの発言を聞いてその正誤を判定する審判ではありません。
教師の役割は、子どもたちの間での対話、すなわち子どもたちの間での直接的なコミュニケーションが成り立つように取り持つことなのです。

③ 聞いている子どもたちの聞き方を指導する

このために、教師は話し合い活動では、聞いている子どもたちの聞き方を指導・支援するという構えをとることが必要です。発言者を助けてあげられるように、聞いている子どもたちを育てるのです。

例えば、発言者が言い淀んだり、うまく言葉が見つからなかったり、説明が足りなかったりするような場面で、温かく待ったり、「こういうことではないの？」と助け船を出したり、「えっ、それどういうこと？」と尋たりできるような、「よい聞き手」となるように育てるのです。教師がそのように助けるのではなく、聞いている子どもたちがそのように発言者を助けられるように育てるのです。

ですから、教師が発言についてもう少し詳しく説明させたほうがよいと判断した場合でも、発言している子どもに、教師が直接尋ねてはいけません。聞き手の子どもたちに向かって「みんな、○○さんが今言ったことの中で、なぜ△△が××になったのかわかる？」というように投げかけるのです。そして、「たぶん～だからだと思います」と応えられる子どもがいた場合には、その子どもに説明させるのです。いない場合には、発言していた子どもに、「みんなはそこが知りたいといっているけどどうですか？」と返しま

50

す。つまり、聞き手の子どもたちがもう少し詳しい説明を求めていると発言者が感じられるように場面を構成するのです。

このようにして、子どもたちの間での直接的な「対話的」な活動が成立するように取り持つのです。

子どもたちが対話できるように、すなわち、直接的にコミュニケーションできるようになるために、次のような指導・支援をするとよいでしょう。

① **発言者と聞き手とを身体的に向き合うようにさせる**

第一に、発言している子どもと聞き手の子どもたちとを身体的に向き合うようにさせることが基本です。

そのためには机の配置の工夫が必要です。話し合い活動では、「コの字型」、「円形」、「半円形」などの机配置が適切です。

そして、発言者には教室の中心に身体を向けて、すなわち、多数の聞き手のいるほうを向いて発言させます。聞き手の子どもたちには、発言者のほうに身体を向けて聞くようにさせます。

教師は子どもたちの育ちに応じて、ⅰ 発言者の背後に立って発言者を支える、ⅱ 発言者とは教室の中心点を挟んで反対側に立つ、ⅲ 子どもたちの机間にしゃがみ込んで聞き手の一人になる—などして、発言している子どもが教師の顔を見て、教師を頼ってしまわないように配慮します。

② **聞き手に返していく**

第二に、教師は発言に対して「うん。うん」など、声を出して応えることを止めます。教師が「うん。うん」と声を出してしまうと、教師が聞き手なのだという意識を子どもたちから取り去ることができないからです。教師は発言している子どもの話をじっくりと聞きながらも、同時に聞いている子どもたちが、その発言をどのように聞いているかを観察します。

そして、例えば、次のように述べて、発言された内容に関して確認したいことや押さえさせたいことを、聞いている子どもたちに言わせるのです。

　Ｔ「今、○○さんが言ったこと、わかりましたか？／どのように聞きましたか？　誰か言ってくれますか？」

　Ｔ「○○さんは、どのような方法で調べたと言っていましたか？」

Ⅱ　子どもたちの学ぶ力を育てる　　51

T「○○さんは、調べてどんなことがわかったと言っていましたか？」

　このようにすることにより、大切な知識・技能を、その場で子どもたちに共有させることができます。また、発言した子どもに、みんなが聞いていてくれたのだと実感させることができます。

　このように教師が「よい聞き手」を育てて、子どもたちの間で対話が成り立つように媒介していくのです。

　また、このことにより、子どもたちの間に「わかってもらいたい―わかってあげたい」という意識が生まれます。そして、「対話的」なコミュニケーションが展開され、学級に協同的な仲間関係が形成されます。知識・技能はこのような対話を通じて交換・共有されるのです。

④ 「一緒に考えて助けてあげること」

　「聞く」とは、他者が発言しているときに、静かにお行儀よくしていることではありません。「対話的」に考えを協同して発展させるコミュニケーションにおいて、「聞く」とは、「聴く」ことであり、また「訊く」ことでもあります。つまり、「聞く」とは、発言者と「一緒に考えてその考えの発展を助けること」なのです。そのようにコミュニケーションに参加して貢献することなのです。

　今後の社会において求められる資質・能力は、単に自分が「わかり、できる」ことではありません。チームで新しい課題に挑戦し、それを達成していく活動に自らの個性的能力を活かして参加・貢献できる資質・能力なのです。新しい価値を生み出していく活動は、多様な個性的な能力が結びついて、相互に活かし合うことによって進展します。子どもたちに、多様な考えを出し合い、みんなで考え合って新しい考えを生み出すという学習活動、また、そのコミュニケーションに参加・貢献するという学習活動を経験させることが必要なのです。

　子どもは、友だちが自分に向けて語りかけるときにしっかりと考えます。

　教師の話を聞く場合、子どもは「主体的」に聞いているのではなく、「黙

らされている」だけです。意味が十分にわかっていない、つまり、自分の経験に裏打ちされていない借り物の言葉による内容や、表面的な事実を報告しただけの内容には、聞いている子どもたちからは質問や意見は出されません。出されたとしても表面的なものにすぎず、発言内容を協同的に深めていくことはできません。

　友だちの発言だからこそ、子どもはその内容について「主体的」に、しかも、検討・考察的（クリティカル）に思考を働かせるのです。ただし、そのためには発言している子どもが、「自分の言葉」で語っていることが条件になります。発言者が「自分の言葉」で、友だちに「わかってもらいたい」という意識で語ることにより、聞き手はそれを「わかってあげたい」という意識で聞いて、「一緒に考える」ことができるのです。だから聞き手は、「助けてあげる」という参加意識を持って発言者に応えるのです。さらに、そのように聞き手に応えてもらうことにより、発言者は自分の考えをさらに発展させようと自分の学びを見つめ直すのです。

　このようにして「対話的」な学びが生まれるのです。

5 「自分の言葉」で語り合うことによる対話の深まり

　子どもは自分が体験したことについては、「自分の言葉」で語ります。そして、そのような「自分の言葉」で語られた発言には、次々と質問や意見が出されます。

　自分自身の体験については、「自分の言葉」でしか語ることはできません。

　ただし、そのような「自分の言葉」による語りは、「わかってあげたい」という構えを取る聞き手が存在することによって生成されます。だから、「わかってもらいたい」という相手意識をもった、「自分の言葉」による語りが生まれるのです。「対話的」なコミュニケーションが成り立つのです。確かに、子どもたちが「自分の言葉」で語り合っている話し合い活動では、例えば、先に述べましたが、「（コンビニでは）お弁当も売っているから、そこには肉も野菜も入っている」「（ショッピングモールまで自動車がないならば）チャリンコで行けばいい」など、大人から見れば屁理屈的な発言も出さ

Ⅱ　子どもたちの学ぶ力を育てる　　53

れます。

　しかし、子どもにとって「文脈性のある」テーマの中で出されている発言です。大人から見れば価値のない内容に見えたとしても、子どもたちにとっては「文脈性のある」探究的な学習活動の中で生まれた考えなのです。だからこそ、その考えをしっかりと聞いて、それについて考えて、自分の考えを述べたくなるのです。そこに「主体的・対話的な学び」が、子どもたちには経験されているのです。

　重要なことは、発言内容の学術的価値ではなく、子どもが自分たちにとって「文脈性のある」探究的な学習活動の中で、友だちの考えを聞いて検討・考察的に考えることなのです。「対話的」なコミュニケーションの密度の濃さなのです。

　子どもは対話の中で考えます。対話は「文脈性」のあるテーマについて、子どもたちが相互に「自分の言葉」で語り合うことによって成立します。対話とは、子どもたちが新しい知を協同的に創造していく「探究」なのです。そこに参加・貢献する「資質・能力」を育成することが求められているのです。

⑥　「つぶやき」を活かして「対話的」に語らせる

　「つぶやき」は、発言を妨害する不規則発言として禁止されがちです。

　しかし、「つぶやき」は、話を聞いていないと発せられません。「つぶやき」は話を聞いていた証拠なのです。また、「つぶやき」は、話を聞いて「心が動く」ことで発せられます。話を聞いて「心が動いた」から「つぶやき」は出てくるのです。

　ですから「つぶやき」を禁止することは、「話を聞かなくてもよい」「心を動かしてはいけない」「表面的にお行儀よくしてさえすればよい」というメッセージを、子どもに与えることと同じなのです。「つぶやき」が禁止されて表面的なお行儀が強制されると、子どもたちのエネルギーは鬱積されて、教師への反抗として爆発します。そうならなくても、自主性や意欲に乏しい「物言わぬ子ども」になります。

大切なことは、「つぶやき」の質を高めて、「つぶやき」を「主体的・対話的な学び」のために活用していくことです。そのように発想を転換するのです。

　質の高い「つぶやき」とは、発言者を励ましたり、発言者が語ることを促したりする「つぶやき」です。「へぇー。すごいね」「さすが！」「本当に？」「それでどうなったの？」「なんで？　なんで？」などです。この点で、発言者の発言権を侵害する「発言泥棒」や割りこみ発言、話の腰を折る野次や冷やかしなどと区別できます。

　また、言葉の意味や理由、論理、事実などがわからなかった場合、「○○って何？」「なんでそうなったの？」「どのように関係しているの？」などと尋ねることも、質の高い「つぶやき」といえます。このような「つぶやき」は、全員が発言内容についてわかり合うために必要なことだからです。

　もちろん「つぶやき」には、タイミングも大切です。即座に発することも必要ですし、話が一段落ついたところで発することも大切です。「つぶやき」の内容に応じて、どのようなタイミングがよいのか、子どもたちに考えさせるとよいでしょう。

　つまり、発言することについての考え方の転換も必要なのです。

　発言するとは、「わかってもらいたい－わかってあげたい」という関係の中で、発言者が聞き手からの「つぶやき」を受けて、聞き手と一体になって語りを協同的・生成的に展開していく活動なのです。聞き手が受け身では、発言は独話にすぎません。聞き手が「つぶやき」によって語りの生成に参加・貢献することによって、発言は「対話的」になるのです。

事例7　算数の授業の変化

　算数の授業方式は大きく変わりました。

　全国学力・学習状況調査のＢ問題やＰＩＳＡ型学力には、従来のようにいわゆる「はかせ」（早く・確実に・正確に）のやり方を理解して、それに従って問題を解けようにするだけでは対応できません。一つの問題に対して多様な方法を用いて解くことに挑戦していく能力が必要とされます。

Ⅱ　子どもたちの学ぶ力を育てる　　55

このため算数の授業では、一つの問題について多様な解き方を出し合って共有し、多様な方法で解けるようになることが重視されています。そのため、「自分がわかってできる」だけではなく、「自分がどのようにわかったかを、友だちがわかるように説明していく」こと、また逆に、「友だちがどのようにわかったかを、友だちの説明からわかろうとする」ことが、学習活動で重視されるようになりました。

そのため、一人の子どもが黒板の前で、自分の解き方を友だちに説明し、聞いている友だちも、「あっ、そうか」「えっ？　なんで？」「もう一度説明して」「そこがさっきの○○さんのやり方と違うのだね」など、自分がどのように理解しているのかをつぶやきで出します。聞いている子どもたちも、そのように「主体的」に参加します。説明している子どもは、聞き手から出されたつぶやきを受けて、自分の解き方についての説明を続けます。このように説明する子どもと聞いている子どもとが「対話的」に「わかり合う」という活動が生み出されていきます。

このように、語り手と聞き手とが一体になって、チームとして解き方を構築していく協同的な活動が展開されます。このことにより、自分の気づかなかった他の解き方も自分のものとして習得されます。また、このような「対話的」に理解し合うことは、他者の頭の中にある論理を想像し、その想像をすり合わせて確認し合うというコミュニケーション能力を育てる活動としての性質も有しています。

このようなスタイルのレベルを上げれば、黒板で（自分のではなく）「友だちの解き方について、みんなにわかるように説明を試みる」ということに、子どもたちを挑戦させることもできます。

7 「つぶやき」と学級の子どもたちの「学力」水準

質の高い「つぶやき」が活発に出されている学級は、一般的に「学力」は高い水準を達成しています。

「つぶやき」を出せることにより、子どもたちは様々なことに「心を動か

して」多様な気づきを蓄積するからです。また、そのように「心を動かして」表現できる場合、子どもたちにストレスは鬱積されていません。そして、「つぶやき」で応え合うことを通じて、学級に温かい仲間関係が形成されています。子どもたちには意欲とともに、落ち着きが生まれます。

　そのような基盤が形成されると、子どもたちは、友だちの話すことや行うことに温かい関心を持ち、相互に学び合うようになります。ですから、一斉に「つぶやき」が出されるような場面でも、子どもたちは、お互いの「つぶやき」をよく聞き合っています。そのようにして知識や情報の交換・共有が短時間で効率よく遂げられるのです。また、友だちの説明などがわからない場合にも、遠慮することなくその場で「それ何？」「どういう意味？」などと聞いて、疑問を解消することができます。

　学級の「学力」の高さは、このような子どもたちの「つぶやき」によるコミュニケーション力と、それを可能としている仲間関係によって形成されているのです。「学力」を高めるためには、発言が「つぶやき」の助けを受けて生成されていく「対話的」なコミュニケーションの能力を育てることが基盤となります。

事例8　ふしぎな天気

　梅雨時で朝から雨が降ったり止んだりの天気でした。

　２年生の学級の朝の会で、一人の男児が次のように述べました。

　「登校中、雨が降っていた。学校に着いて晴れたけど、また雨が降ってきた。今日は変な天気だ。」

　すると「止んだだけで晴れてない」「曇りだ」「降っているのは小雨だ」「雨、曇り、小雨だ」「今、風も吹いてきた」「曇り時々雨っていうんだよ」など、口々に天気に関する言葉が飛び交いました。

　このようにして一人の子どもの話題提供に基づいて、関係する言葉が「つぶやき」として出されて飛び交うことにより、子どもたちは語彙を増やしていくのです。

　子どもたちの「言語活動が充実」しているとは、このような場面ではな

Ⅱ　子どもたちの学ぶ力を育てる　　57

いでしょうか。また、このようなコミュニケーションを通じで、子ども
たちは協同的に刺激し合って学び合っていくのです。

8 各学年段階における「つぶやき」の指導と意義

　低学年から高学年に至るまで、もちろん中学校においても、子どもたちが
「つぶやき」を出し合うことを、教師は意図的に促進しなければなりませ
ん。それぞれの学年段階において、子どもたちに対するどのような意義を念
頭に、子どもたちの「つぶやき」を指導することが必要なのでしょうか。

① 低学年

　低学年では、「つぶやき」を出すことを、基本的に保障しなければなりませ
ん。そのうえで、どういう「つぶやき」はよくないのか、どのようなとき
に控えなければならないのかについて考えさせるのです。例えば、発言して
いる人やみんなが「嫌な気持ち」になるようなこと、他の人の話の「番」を
取ってしまう「割り込み」などは、「いけないこと」として徹底しなければ
なりません。

　一方、質のよい「つぶやき」が出されたときには、それをモデル化しま
す。また、教師が子どもたちに「つぶやき」のモデルを意図的に示すことも
必要です。

　このように、「つぶやき」を放任するのではなく指導していくのです。そ
のように子どもたちが「つぶやき」によって助け合い、みんなで楽しみ合う
という関係を構築していくのです。子どもたちの学習活動への能動性は、
「つぶやき」を出すという形態での参加を通じて育っていきます。

　また、低学年では、五官を通じて多様な楽しい刺激が豊富に得られる体験
活動に浸らせることが必要です。そして、そのときに「心が動いたこと」に
ついて、それぞれの言葉で出し合って楽しみ合う話し合いを設定します。そ
のような話し合いでは、子どもは競うようにして「つぶやき」を出し合いま
す。そして、その楽しかったときの感情をみんなで再現して、その感情の共
有を再確認します。そのようにして、子どもたちの心は「一つにまとまって

いく」のです。学校での生活を、みんなで楽しくて一生懸命になる活動のできる時間・場として、大切に感じるようになります。「つぶやき」を出し合い楽しみ合える時間と場が保障されることにより、子どもたちは学校での様々な学習を楽しいものと感じて意欲的に取り組むようになります。

② 中学年

　中学年では、子どもたちは学習活動を自分たちで進めていくことができます。また、学習活動に対する自主性を育てることが中学年では大切です。

　しかし、中学年の学習活動で子どもたちから「つぶやき」が出されないと、教室には「お客様」が発生してしまいます。中学年の教室で行われている「話し合い活動」を観察していると、しばしば次のような状況に出会います。すなわち、発言の内容のレベルは高いものの、数人の「発言力のある子どもたち」に「話し合い活動」が独占されてしまっている状況です。発言している子どもたち以外は、口を挟めないような雰囲気になっています。そうなると「発言できない子どもたち」の意識は学習活動から離れてしまいます。学習活動から落ちこぼれてしまいます。

　そのような状態に陥らないためにも、「つぶやき」によって反応させることが不可欠なのです。「つぶやき」によって、それぞれの子どもが、「自分はどのように聞いたのか」「自分はどの部分がわからないのか」を自由に気楽に出し合えることが、子どもたちの参加意識の維持を保証します。「発言できない子どもたち」が発生し、落ちこぼれることの歯止めとなるのです。

　ただし、「全員がわかるように話し合いを進める」ということは、話し合われる内容の水準を下げることではありません。一部の「発言力のある子どもたち」に独占されている「話し合い活動」では、発言を聞いていても、借り物の言葉がコピペ的に使われているように感じられます。その子どもも本当はわかっていないのです。そのような「話し合い活動」は、「対話的」ではなく独話的な発言の散発にすぎません。子どもたちが学術的に水準の高い内容を―しかし、借り物の言葉で―発言している授業が「いい授業」なのではありません。

　「対話的」な学びにおいて育成すべき「資質・能力」の一つは、相手にわ

かるように、相手の反応を受け取りつつ柔軟に説明を展開できることです。子どもたちがお互いにわかり合おうとして、「自分の言葉」で「対話的」にコミュニケーションしている授業が「いい授業」なのです。

　そのような授業では、それぞれの子どもは自分の理解について反省的になり、その理解を確実なものにすることができます。また、子どもたちは、友だちの「自分の言葉」での語りを聞き、その意味について検討・考察的に考えて、友だちが語った内容についての理解を確実なものにすることができます。このように「つぶやき」を出し合えることにより、全員参加の学習活動が可能になります。特に中学年では、「お客様」が発生しないように、全員参加の学習活動を指導・支援しなければなりません。

③　**高学年**

　高学年の思春期に入ると、子どもは親への心理的な依存から離れようとします。しかし、親から離れて即座に心理的な自立が遂げられるわけではありません。そこで、心理的な依存を仲間に求めます。この時期の子どもにとって、温かく意欲的な仲間関係の中に自分の居場所を確保できることは、心理的な安定のために極めて重要です。子どもたちは学級がそのような場であることを心から望んでいます。

　ですから、授業で教師の求めている正答しか言えず、また、仲間との「対話的」なコミュニケーションが保障されないと、子どもたちは「荒れ」てしまうのです。思春期の子どもたちは、自分の「気持ちをわかってもらえる」他者を求めています。そのような気持ちが満たされないと、そのフラストレーションは「いじめ」や教師に対する反抗など、他者に対する否定的なかかわり方となって表出します。

　お互いの「つぶやき」を受け止め合える関係の中で、子どもたちは「お互いの気持ちをわかり合えている」と実感できるのです。そのことから、自分も友だちも大切にしようという意識が生み出されるのです。このように子どもたちは、学習活動において、教材に関して自分の「心の動き」に正直に、「自分の気づきを自分の言葉で語れる」こと、そして、学級の友だちから誠実な応答を得ることを求めているのです。教師は、子どもたちのこのような

心の求めに応える関係を学級に構築しなければなりません。

　思春期の子どもは、「自分の言葉」で語ることに友だちが「つぶやき」で温かくかかわってくれることで、友だちとの相互に肯定的で前向きな関係の中に自分がしっかりと位置づき、友だちと「共に成長している」ことを実感できるのです。このようにして子どもたちは、心理的に安定的にこの時期を過ごし、学習活動に対しても素直に意欲を示して取り組むことができるのです。また、友だちの学びを助けようとし、そのように他者に貢献できる自分を実感することにより、自分の存在についての自信を確かめることかできるのです。

　高学年においても、「つぶやき」が響き合う「対話的」に進められる「話し合い活動」を指導・支援しなければなりません。

事例９　「外国語活動」の学習成果を決めるもの

　いくつかの附属小学校で、第５学年の「外国語活動」で同一の教材を用いた学習活動を見る機会がありました。いずれの学級でも、子どもたちは店（帽子店、Ｔシャツ店、ズボン店、靴店、バック店）と客（それぞれの店で品物を購入し、自分の好みのコーディネートを完成する）とに分かれて、交替でそれぞれの役割によるコミュニケーションを英語で試みました。

　子どもたちの仲間関係が育っている学級では、子どもたちの英語を使用してコミュニケーションを図る意欲は高く、子どもたちは「わかってもらおう―わかってあげよう」という意識のもとで粘り強く相互に英語を使用して働きかけ合っていました。わかり合えたときには笑顔で歓声を上げて喜び合っています。

　しかし、仲間関係が育っていない学級では、コミュニケーションが少し行き詰まると、すぐにほしい商品を指で示して購入してしまいます。英語を使用して粘り強くわかり合おうと努力しません。結果としてその時間の英語の使用量は前者と比較して乏しいままに留まりました。

　コミュニケーションのための語学力を高めるには、「場数を踏む」こ

Ⅱ　子どもたちの学ぶ力を育てる　　61

と、すなわち、数多く経験を積むことが不可欠です。前者の事例と後者の事例とでは、学習活動においてそれぞれの学級の子どもたちのコミュニケーション量には、大きな開きがあります。この差は学習活動の成果の差になって表れると考えられます。

「外国語活動」の学習成果は、子どもたちの間に相互に信頼し合って働き合える仲間関係が構築されているかに大きく依存するといえます。

9 「盛り上がり」を協同的探究の経験へと高める

授業中に一人の子どもの「つぶやき」から、教師が予想もしていなかった脱線的な「盛り上がり」が発生することがあります。

しかし、そのような場面で教師は、授業が「とんでもない方向に進んで収拾がつかなくなるのではないか」と恐れて、盛り上がりを鎮火しようとしがちです。一方で、子どもたちの「主体的・対話的」に学ぶ意欲に溢れ、また、そのように学ぶ能力の高い学級では、教師は「盛り上がり」を利用して子どもたちを育てています。

そのような「盛り上がり」は、時間としても5分間程度で収束します。

しかし、その5分間を惜しんで子どもたちに不満を残すか、腹を決めてその5分間に付き合うかが分かれ目です。どちらを採るかで、子どもたちの「主体的・対話的」に学ぶ力の育ちにも、教師に対する信頼感の形成にも大きな差が生まれます。

「盛り上がり」は、子どもたちから生まれた問いに基づいています。また、子どもたちが話し合いたいことがテーマとなっています。協同的な「探究」を経験させる絶好のチャンスなのです。

教師は、そのような場面を、子どもたちが自分たちで見つけた問いを、自分たちで考え合って、自分たちで新しい知を構築したという、子どもたちにとって協同的な「探究」の経験となるように構成するのです。

教師は子どもたちが「わあっ」となった場面で、子どもたちに自由に言わせたうえで、次のように言います。

T「Aだという人もいるけど、Bだという人もいるよ。どっちが本当なの?」

つまり、対立点を明確にして対立を煽ります。

そして、注目させたい用語や事実などが出たときには、次のように言います。

T「えっ? ○○って言った人がいるけど、それどういうこと?」

つまり、その言葉に注目させて、その意味について考えさせます。

しばらく話し合わせて、一段落ついたところで、次のように言います。

T「要するに、みんなの言いたいことは、……ということでいいのかな?」

つまり、あたかもその「知」を、子どもたちが自分たちで発見したかのようにまとめるのです。そのうえで、「えっと、さっきどこまで話し合ったのかな?」と戻せばいいのです。「盛り上がり」を契機とした話し合い活動を通じて、「対話的」にコミュニケーションして、協同的に「探究」して「知を構築」していく力が育つのです。

「盛り上がり」への対応の仕方に、教師の専門的な指導力が示されます。教師が予定に拘泥し、このような経験を子どもたちから奪ってはいけません。子どもたちの「盛り上がり」を柔軟に活かし、それを協同的な探究力の育成につなげるのです。教師の計画から外れないように統制することが指導力なのではありません。

3 「深い」学び―生活の仕方を励まし支援する―

① 自己評価としての「振り返り」

「学び」とは、その後の「世界」(人・もの・こと)とのかかわりをより豊かなものに発展させるのに役立つ知識・技能を得る活動です。「何ができるようになるか」は、ここにおいて問われるのです。「学び」が成り立つためには、その学習活動を振り返って、どのような価値ある知識・技能を得たのか、自ら評価することが必要です。

Ⅱ 子どもたちの学ぶ力を育てる 63

この点で、「学び」についての評価とは、基本的には学習活動を行った子どもが自分自身のために行うものです。子どもが自分の学習活動を反省し、そこからその後の生活の仕方の発展につながる価値を自覚することが評価なのです。ですから、評価は、その後の生活の仕方や学習活動に活かされなければなりません。つまり、評価とは、行われた活動の総括ではなく、「その後」の活動が充実していく方向の見定めなのです。評価は未来に向けてなされ、その評価の適切性は「その後」の活動の充実度において問われます。評価は、未来におけるその子どもの「学び」を適切に方向づけるものであり、「やって終わり」ではあってはなりません。

　この点で、「深く」学ぶとは、「振り返り」によって、学習活動が「その後」のその子どもの生活の仕方の構築へとつながることなのです。行われた学習活動をその子どもが反省し、自己評価することが不可欠なのです。

② 「振り返り」を書かせることの意義

　その授業時間の最後に、あるいは、単元の学習活動のまとめとして、子どもたちに「振り返り」を書かせることは、「深い」学びが遂げられるために不可欠です。ただし、子どもに、何をどのように書かせるかが重要です。「わかったこと・できるようになったこと」だけ書くのでは不十分です。その過程で「自分がどのように考えたのか」、また、「どのようにしてそのことがわかったのか・できるようになったのか」を中心に書くように指導・支援します。

　そのためには、次の点が指導のポイントとなります。

① 「自分」を主語にして書かせる

　第一に、「自分」を主語にして振り返りを書かせることです。

　「自分」の考えが、どのようなことをどのようにしたことを通じて、あるいは、どのような意見・問い・事実・他者などに出会ったことを契機として、どのように変わっていったのかを物語るように書かせるのです。

　そのようにして「学ぶ主人公」が「自分」であるという意識、また、学ぶことにより「自分が変わる」という意識を、それぞれの子どもが持てるよう

にするのです。さらに、「自分が変わった」という意識を、「自分はこのように成長したのだ」という自覚に高まるように支援することが大切です。子どもは「自分の学び」に「自分の成長」を見出すと、その子どもはそれ以後、「自分を成長させるために学ぶ」という姿勢で学びに向かうようになります。つまり、「学びに向かう力・人間性等の涵養」が遂げられるのです。

　このようにして「主体的」に学ぶという意識の確立を促します。

② 　揺さぶられた契機を自覚させる

　第二に、自分のそれまでの考えが揺さぶられた、あるいは新たに考えが発展する契機となった友だちの発言や体験などを自覚させて書かせます。

　つまり、自分の考えが変わっていく過程において、「世界」（人・もの・こと）とどのように相互作用したのかを意識させるのです。例えば、自分が何を求めて、あるいはどのような仮説や予想を持って世界に働きかけたのか、そして、どのような反応を受けたのか、さらには、仮説や方法をどのように修正して働きかけ直したのかなどを振り返らせるのです。

　自分と「世界」と繰り返し相互作用することを通じて、自分の考えが発展的に変化することを意識させるのです。そのようにして、自分の考えを発展させるために、自分から相互作用していこうとする態度と能力を育てるのです。相互作用をより豊かなものにすることにより、豊かな「世界」の中で、「世界」と豊かで互恵的に結びついて位置づいている自分の存在を自覚できるのです。

　このようにして「対話的」に学ぶという意識の確立を促します。

③ 　自分の変化に気づかせる

　第三に、世界との相互作用や問題解決を通じて、自分の考えがどのように変わったかについて自覚させます。

　試行錯誤を繰り返しながらも粘り強く取り組んで最終的に成功させるに到ったときの感情、やり方に迷っていた中で友だちからヒントをもらったときの感情、自分の知らなかった事実を示されたときの感情なども思い出させます。学習活動は頭だけで行うものではありません。学ぶことは、この「世界」とかかわって「心が動く」ことにより推進させます。また、そのように

推進されなければ、「主体的」な学びとは言えず、「対話的」な学びも、「深い」学びも遂げられません。

この点で「心の動き」（感情）を思い起こすということは、学習活動の過程で発生した様々な困難に対して、どのように自分を鼓舞して乗り越えたのかを明らかにして自覚することなのです。そのようにして、自ら困難を克服して課題をやり遂げることのできた自分について意識することなのです。感情面での変化の過程を思い出して確認することにより、子どもは「世界」に対する自分の対し方が変わったことを自覚します。「世界」の中での自分の位置の高まり、すなわち「世界」からの期待や世界に対してできることの増大を自覚します。そのようにして自分が成長したことを実感できるのです。

このようにして、「学びに向かう力・人間性の涵養」が遂げられるのです。「学び」とは、「学ぶ自分」についてのアイデンティティの確立、及び「世界」と豊かに結びついて生きるという生活の仕方の再構成が遂げられる活動なのです。このようにして子どもには、学ぶことや生きることへの意欲と自信が形成されます。つまり、「学びを人生や社会に活かそうとする」ようになります。「振り返り」を通じて、「深く」学ぶという意識の確立を促すのです。

③ 「振り返り」の構成要素

「振り返り」を書かせる際には、子どもたちに、例えば、次の点を構成要素として使用させるとよいでしょう。

i 学習活動の当初における考えと学習活動を経た後の現時点での考え。

ii 考えが変わり始めたきっかけとなった出来事や情報、友だちの発言など。及びそれについてのそのときの自分の受け止め方（驚きや疑問や反撥など）。

iii 自分が追究して明らかにしたいと思った問い。

iv 問題解決のために繰り返した試行錯誤。

v 追究の助けとなったこと（友だちなどからの助言や協力）。

vi　思いがけずに得られたヒントや解決の決め手となったアイデア。

vii　残された問いやこれから発展させたい課題。

　これらの点について、必ずしもすべて網羅させる必要はありません。ま
た、これらの要素は、これらの要素が使用されている「振り返り」をモデル
として示して、学級の子どもたちに広めていくとよいでしょう。

事例10　「振り返り」の事例　（小学５年「社会」）

　「私は今日の話し合いで、Ｋさんの話がすごいと思いました。なぜなら
Ｋさんは自分のゴールは「みんなの命を救うこと」と言っていたからで
す。それに比べて私は、自分の命を救うことしか考えていなかったからで
す。だから今、借りている本の最後に、みんなを救う方法が書いてあった
ので、調べてみたいです。」

　「私は、５年生の社会科の教科書と『最新資料集』を読んでいると、阪
神淡路大震災については、名前と高速道路が倒れている写真が１枚ずつ
のっているだけだったことがわかりました。特に資料集では、東日本大震
災は２頁も特集されているのに、阪神淡路大震災はほんの少ししかのって
いなくてとても悲しかったです。それにみんなも阪神淡路大震災について
は知っていると思っていたのでショックでした。20年以上も前に起きたか
ら忘れられても仕方ないわけではないから、クラスの人にも覚えておいて
ほしいです。」

④　「物語」としてのストーリー性を持たせる

　子どもたちに「振り返り」を、ストーリー性を持って書けるように支援し
ます。たとえて言えば、子どもたちに「振り返り」を、自分を「主人公」と
して、仲間とともに「世界」と「対話的」にかかわり合って、困難な問題を
解決しつつ進み、自分の成長を深く実感する─という、一編の冒険物語とし
て構成させるのです。

Ⅱ　子どもたちの学ぶ力を育てる　　67

そのためには、学習活動の展開の過程における、その時々の自分の「心の動き」（感情）を思い出し、自分の感情が変転していく流れを軸にして、それぞれの場面で、「私」が「感じたこと」「考えたこと」「言ったこと」「やったこと」「聞いたこと」「見たこと」「気づいたこと」「理解したこと」などを想起させます。そして、それらの相互の関連を考えさせて並べさせ、ストーリーを展開させるのです。

　まず、自分の行った学習活動をいくつかの場面に分けさせ、それぞれの場面に「不思議」「驚き」「焦り」「希望」「感謝」「充実感」など、そのときの感情を思い出させて小見出しとしてつけさせます。次に、それぞれの場面間で、どのような出来事によって自分の感情が変化したのかを考えさせます。子どもに、「自分」が「感じたこと」「考えたこと」「言ったこと」「やったこと」「聞いたこと」「見たこと」「気づいたこと」「理解したこと」などが、自分の学びにおける感情の変化に対してどのような役割を果たしたのかに気づかせるのです。その上で、「考えること」「調べること」「話し合うこと」「地域の人に協力してもらったこと」などの活動が、自分の学びにどのような意義を有しているのかについて意識させるのです。

　そのようにして、その後の学習活動において、これらの活動を意図的に、つまり、自分の学びを価値あるものにしようと、「主体的」に設定できるようにするのです。

⑤　「学びの主人公」としての意識を持たせる

　子どもの意識の中で、学びは、必ずしも合理的・論理的に進行するものではありません。むしろ学ぶことを含めて「主体的」に人間の活動を力強く推進しているものは感情です。「心が動く」のでなければ学びは始まりません。また「心が満たされる」、あるいは肯定的な意味で「不満（問い）が残される」のでなければ、その人は「自分が学んだ」という実感をもつことはできません。明確な感情が残るのでなければ、それ以後の「学びに向かう力・人間性等の涵養」は遂げられません。自分の「心が動き」、様々な感情的な波乱を経て、自分の「心が満たされる」というストーリーを軸にして、

自分が「わかっていく・できるようになっていく」という過程を再構成させることにより、子どもはその学習活動を「自分のもの」として意識できるのです。

　そのような物語の主人公として自分を自覚することが、その後の「学びに向かう力」となり、「人間性等の涵養」につながるのです。そのように自分の行った学習活動を反省させ、自分の「学び」を物語として意識させます。その後も自分が自分自身の生活の「主人公」であるということを明確に意識して、「学びに向かう」ことができるようにするのです。そのような意識のもとで、「主体的・対話的で深い学び」を連続的に遂げて生きようとする、生活の仕方を子どもたちに育てるのです。

　自分の人生の物語を、その「主人公」として、世界と豊かに互恵的にかかわり合いながら生きることができるように指導・支援することが、教育の最も根本的な役割ではないでしょうか。子どもたちに「密度の濃い物語」の主人公として自らの人生を「生きる力」を育てたいものです。

　「密度の濃い物語」は、次のような要素から構成されています。

　i　多くの困難な問題に遭遇しつつも、それらに自分自身の力で立ち向かって解決し、その経験を自分の成長の糧とする。
　ii　多様な体験を通じて、世界の多様な「もの・こと」について深く豊かに知る。
　iii　多様なタイプの人々と出会って、それらの人々との協力や対立などを通じて関係を広めて深める。

　「密度の濃い物語」とは、「主体的・対話的で深い人生」の物語なのです。

事例11　密度の濃い探究物語

　ある高等学校の総合的な学習の発表会でした。
　一人の男子生徒が自分の取り組んできた「昆虫食について」の発表をしました。

Ⅱ　子どもたちの学ぶ力を育てる　　69

その生徒は、将来、人口増加から食糧不足になったときに備えて、手軽な蛋白質源として昆虫食についての研究が進んでいることに関心を持ちました。その生徒は、昆虫食についての情報を集め、さらには開発に取り組んでいる人を訪ねて取材をしました。そして、仲間と実際に昆虫を食材にした料理に挑戦し、校内に呼びかけて試食会を開きました。試食会で寄せられた感想は、「昆虫の足が残っていて気持ち悪い」「変な味でこんなの食べられない」などさんざんなものでした。しかし、改良を重ねてさらに数回の試食会を開催するうちに、しだいに大部分の参加者から「これなら食べられる」という感想が得られました。

　この発表は、非常に強い印象の残るものでした。

　分析すると、次のようなメッセージが伝わってきました。

　ⅰ　「こんなに頑張った自分をわかってほしい。」

　ⅱ　「協力してくれた人のためにも伝えなければならない。」

　ⅲ　「聞いている人たちも仲間になってほしい。」

　つまり、この生徒にとって、この探究は、ⅰ試行錯誤を伴う直接体験に基づいて頑張った、ⅱ自分のために協力してくれた人がいる、ⅲ活動を進めるにつれてこのテーマの価値についての自信が深まった―と実感している活動だったのです。

　「自分の言葉」で語られ、聞き手が意識されている発表でした。この生徒の成長が遂げられた探究であったと評価できます。

学習活動を構想・実践する

　問題解決学習の単元を、子どもたちが「主体的・対話的で深い学び」を遂げる学習活動として、どのように構想するとよいのでしょうか。
　問題解決学習の指導・支援を、次のような方向性で構想します。

ⅰ　眼の前の子どもの興味・関心を活かし、
ⅱ　子どもたちの思考の動きに即して柔軟に活動を発展させ、
ⅲ　それぞれの子どもの切実な追究を生み出して、
ⅳ　個性的な生き方を構成させる。

　問題解決学習の単元は、子どもの出方や動きに応じて柔軟に展開されなければなりません。このため「しっかりとした計画」など立てられないと思われがちです。しかし、このことは無計画や無意図と同じではありません。教師は、子どもたちの追究の展開の可能性、さらにはその追究によって生み出される成果や価値について、幅広い視野と奥深い展望を持っていなければなりません。そのような視野と展望の中に、子どもたちの追究を予想し、また、単元の学習活動の開始後には、子どもたちの実際の出方や動きを活かさなければなりません。つまり、子どもたちの追究の成果と価値が最大のものとなるように、子どもたちに即して子どもたちの学びを導いてつくり上げさせていくのです。
　そのための必要な視点や方法について述べましょう。

1　単元の学習活動の構想・実践

§1　単元構想の方法

①　子どもが「鍛えられて育つ」ための単元構想

　単元の学習活動を構想するとは、教材の論理に即して、知識・技能を順序よく並べて、時系列的に単線的に配置することではありません。また、学習活動を指導するとは、子どもたちをベルトコンベアに乗せて、順序よく並べられた知識・技能の前に送って、それらを取り付けていくことではありません。

　学習活動は、「どのようにしたら、子どもたちが知的に力を出し切れるか」という観点から構想されなければなりません。つまり、子どもたちが、知的に鍛えられる活動を生み出すことが重要なのです。たとえて言えば、子どもたちの意識の中で、次から次へと襲い来る問題をみんなで知恵を出し合い、力を合わせて乗り越えて、秘密の知的宝物を手に入れるような、一つの知的冒険の経験となるような活動に構想するのです。子どもたちが「知的に力を出し切った経験」として構成される学習活動を通じて、子どもたちの「資質・能力」は育てられるのです。

　単元の学習活動を構想するとは、子どもたちの学習活動が展開される場の地図を作成するようなことから始めます。たとえて言えば、子どもたちを遠足で連れて行って遊ばせる公園の地図を、子どもたちの目線で作成することです。そして、例えば、次のような点について、子どもたちの目線に立って予想します。

　　i　子どもたちが公園についたとき、何を見て、それにどのように「心を
　　　動かし」、どのように動き出すか。
　　ii　公園内のどの場所にどのような遊具や施設が配置されていて、子ども
　　　たちはそれにどのような興味を示して、そこでどのような活動を開始す

るか。

ⅲ　どの地点では、どのような景色が開けて、子どもたちはどのように感
　　じるか。

　このように子どもたちの動きを予測したうえで、教師は、例えば、次のよ
うな計画を立てます。

ⅰ　子どもたちを、どのような場所でどのように迷子にさせて、どのよう
　　に困らせるか。

ⅱ　落とし穴をどのように場所に設定し、子どもたちにどのようなタイミ
　　ングでどのように落とし込み、抜け出すためにどのように奮闘させる
　　か。

ⅲ　どのような場所にどのような予想外の発見や出会いを設定し、子ども
　　たちをどのように感動させるか。

　子どもたちを鍛えるための様々な仕掛けを設定します。もちろん、子ども
たちの動きがそこに向かうような道標（示唆）も、それとなく用意します。
　このようにして、子どもたちの一連の活動を計画するのです。そのような
計画の中で時間数を配当します。もちろん、子どもたちがその道標に気づか
ずに別の方向に進んだり、仕掛けにうまくはまることなく通過してしまうこ
ともあります。そのような場合も想定して、複線的に、あるいは二段構え三
段構えで仕掛けを設定しておくことが必要なのです。単線的で不可逆的で柔
軟性のない計画では、子どもの動きに柔軟に対応し、それを活かすことはで
きません。そのようにして、その公園での子どもたちの探究的な活動が充実
し、子どもたちが知的に力を出し切って、「鍛えられて育つ」ように活動を
経験させるのです。

② 「子どもがどう言うか」から考え始める

　問題解決学習では子どもの「問い」を重視します。子どもの生活に根差し

Ⅲ　学習活動を構想・実践する　　73

た興味・関心に基づいて、教材に関する「問い」が生まれるように配慮します。そして、そこから真剣な追究の展開を支援します。

しかし、次のような疑問が生じることでしょう。

i 子どもの「問い」が生まれるのを待ち、そこから学習課題を設定するのであれば、その単元の学習課題を、単元の学習活動に先立って計画することはできないのではないか。

ii 質の高い追究を導く学習課題の設定に至るような「問い」が、子どもたちから都合よく発せられるのか。

このためにも、「心が動く」子どもたちに育てておくこと、それを「つぶやき」で出し合い、楽しみ合える学級を形成しておくことが重要なのです。

単元導入の「教材との出会い」で、教師は子どもたちに、実物や写真などを示しつつ、その教材について知っていることや気づいたことなどを自由に言わせます。自由に言わせていく中で、子どもたちの間から疑問やズレや対立を引き出して、「もっと調べてみたい」という意欲を生み出します。

例えば、小学6年「社会」で織田信長を教材とした戦国時代の学習で、教師は最初の時間に、信長の肖像画と年表を子どもたちに示して読み合いました。子どもたちは年表を読み合いながら、「えっ。弟を殺したの？」「戦争ばかりしている」「比叡山で三千人も殺した！」など、自分が驚いた事実について口々に出し合いました。「つぶやき」として出し合うことにより、子どもたちの間にズレや対立が生まれたり、共通の疑問が明らかになったりします。そのようにして、「なぜ戦争ばかりして、多くの人の命を奪ったのか」という「問い」が、子どもたちに共有されました。そして、「その理由について調べてみよう」という学習課題が設定されました。

③ 「仮の学習課題」から「真の学習課題」へ

しかし、そのようにして設定された課題はまだ入口の課題です。子どもたちの追究を深めていくものではありません。「調べてみようという課題」

は、あくまでも「仮の課題」、つまり、その先の追究を深めさせていくための入口なのです。重要なことは、子どもたちにその課題に基づいて「事実を調べさせる」とともに、その「調べた事実についての自分の考え」を持たせることです。教師は、自分の興味・関心、生活の中で感じたり考えたりしていること、自分が大切にしている価値や願いなどに基づいて、子どもたちに自分が調べて知った事実について、「自分はどのように考えるか」を明確にさせる支援をします。

そして、自分の「調べた事実」とそれについての「自分の考え」を出させていく中で、それぞれの子どもに友だちの考えについて考えさせます。そのようにして、子どもたちの間でのズレや対立が明らかになっていきます。それを子どもに「真の学習課題」とさせるのです。

そのような学習課題は、学級全体での課題として成立する場合もあります。また、それぞれの子どもごとに成立する場合もあります。前述の「織田信長」を教材とした学習では、次のような発言が出されました。

　「戦国時代だから敵を倒さなければ自分がやられてしまうという人がいるけど、比叡山で三千人の人を殺したということは、その三千人には何人かの家族がいるはずだから、その三千人の何倍もの人を悲しませたことになる。」（男児）

この男児は父親を亡くしており、自分のように悲しむ人が三千人の数倍もいただろうと、信長が生み出した悲しみの大きさについて語りました。
また、次のような発言も出されました。

　「みんなは信長が残酷だとか、許せないというけど、私は憧れるところがあります。なぜかというと、私は何かしようと思ってもお姉ちゃんが何と言うか、友だちが何と言うかと考えてなかなか実行することかできないけど、信長は、一度自分がやろうと決断すると誰が何と言おうとも実行したからです。」（女児）

Ⅲ　学習活動を構想・実践する　　75

「調べた事実」をめぐる友だちの考えについて、自分自身の生活経験に引きつけて、友だちとは異なった考えが述べられています。そのようにして、子どもたちは、信長に関する事実のもつ「自分にとっての意味」を考えます。また、そのような意味は、事実についての友だちの考えとのズレや対立として表明されます。

④ 「真の学習課題」に基づく「主体的・対話的で深い学び」の成立

ここに、それぞれの子どもにとって、自分自身が生きている意味世界を発展させていくために、信長に関する事実をさらに多く調べ、また、友だちの考えとかかわり合って考えを深めていく追究が開始されます。つまり、教材について「主体的」に調べて考え、友だちの考えと「対話的」にかかわり合い、そのようにして自分の生きる意味世界を発展させようとする「深い学び」が展開されるのです。

確かに学級全体の、あるいは個別の「真の学習課題」について、どのような課題が成立するのかは、ある程度は予想できても、厳密に予定することはできません。教師にできることは、それぞれの子どもの「主体的・対話的で深い学び」が生み出されるような学習課題の成立を促すことです。そのような学習課題が成立するように、子どもたちの出方や動きを二段構え三段構えで受けて対応することです。

教材の論理に即して子どもたちを動かすのではなく、子どもたちを動かして、その動きが価値あるものになるように教材を使用するのです。そのように教材を活かすことに、学習活動の指導・支援者としての教師の専門性があるのです。つまり、学ぼうとする子どもの動きを励まし加速させたり、抵抗となり鍛えたり、新たな発展の方向を示唆したりなどすることです。そのように子どもを動かせる点に、授業者としての力量が示されます。また、そこに教材の学習活動に対する価値が示されるのです。

そのように子どもの学習活動において、教材が活きるように再編成することが教材研究なのです。子どもが動いて学ぶために教材があるのです。教材のために子どもの学びがあるのではありません。

§2　個別学習と集団学習

1　個別学習のねらい

　教師は、子どもたちに一人で学習に取り組むことのできる自律的な学習態度・能力を育成しなければなりません。他方、友だちとかかわり合って学び合い、支え合い、高まり合っていくという協同的な学習態度・能力も育成しなければなりません。

　個別での学びには限界があります。学ぶことへの子どもたちの意欲を高めるためには、他者からの刺激や支援が必要です。自分の学びを広げていくためには「かかわり合うこと」が不可欠です。

　しかし、学びは、最終的には自分自身の生き方の再構成へと、個性的にまとめられなければなりません。そのために、問題解決学習の単元は、「個別学習」と「集団学習」を学習活動の2本柱として設定します。子どもたちそれぞれの学習活動の効果が高まるように、それらを有機的に関連づけて順繰りに展開していくのです。

　ただし「個別学習」について、「子どもたちの自主性に任せてやらせる時間」と考えてはいけません。子どもたちを放任していては、子どもたちに学力を育てることはできません。それぞれの子どもの追究に応じて、それぞれの「子どもを個別に指導・支援して育てるための時間」と考えなければなりません。

　例えば、多くの場合、子どもから出された初発の「問い」を、そのまま学習課題としても表面的な調べ活動で終わってしまいます。しかし、その子どもの「問い」の根底には、その子ども固有の理由があるはずです。ですから教師は、そのような「問い」をそのまま学習課題とさせるのではなく、追究が広く深く発展するような学習課題へと練り上げさせなければなりません。例えば、次のような支援をします。

　i　その子どもと対話をして、その「問い」の根底にあるその子どもの興

Ⅲ　学習活動を構想・実践する　　77

味・関心、生活での感情や願いなどを探る。

ⅱ　それら根底にあるものに共感し、その「問い」を価値づける。

ⅲ　その子どもの得意や可能性を考慮して、その「問い」の発展可能な方向について示唆を与えて考えさせる。

　このようにして、その子どもに自分独自の追究の方向を見定めさせ、そこに向けて歩み出すことを励まして背中を押します。個別学習では、それぞれの子どもに、その子どもなりの追究が開始されて発展するように個別に指導・支援するのです。一人一人の子どもの個々の動きを生み出すのです。

② 個別学習での個別の支援から全体を育てる

　先にも述べましたが、「個別学習」では、教師がその単元の学習活動で子どもたちに習得させたい知識・技能を、それぞれの子どもの追究に即して埋め込む形で習得させておくことができます。

　教師は、それぞれの子どもに自分の追究の進展状況について説明させ、その相談に応じるという姿勢で個別に指導します。その際に、教師とその子どもとの間で、追究を価値あるものに発展させるという目的が共有されていなければなりません。そのうえで、教師は、その子どもに、追究を深めるために必要となる知識・技能を示唆して、それをその子どもに自分の追究において活用させるのです。

　そして、集団学習の中で、その子どもに、その知識・技能を活用させて自分の追究がどのように発展しているかについて語らせます。そのとき教師は、その子どもが活用している知識・技能について立ち止まらせて確認し、その知識・技能が全員に共有されるようにします。

　しかし、個別指導の時間を設定したとしても、全員の子どもにこのような個別の支援を平等に行うことは時間的にできません。ですから、現実的には、例えば、次のような観点から特に「この単元で育てたい子ども」を選定します。

i 　他の子どもたちのモデルとなるように育てたい子ども

　　 ii 　この単元の教材で育てることに適していると思われる子ども

　　 iii 　教師が特に今の時点で育てたいと判断した子ども

　子どもたちの「集団の教育力」が育てられていれば、「一人を育てて全員を育てる」という効果を期待することができます。つまり、「個別学習」での、特定の子どもに対する指導・支援を、「全員の子どもに活かすか」という戦略において行うことができます。

③　集団学習

　集団学習は、一般的には「話し合い活動」、すなわち、発表とそれに対する質疑・意見交換という形式で実施されます。

　しかし、「話し合い活動」で、一定の結論や合意に到達することは必ずしも重要ではありません。「話し合い活動」では、それを通じて自分の課題が明確になること、あるいは、知らなかった事実を知ったり異なった考えに出会ったりして自分の意味世界が広がることなどが重要なのです。「話し合い活動」とは、ディベートではありません。自分の考えを主張して相手を論破し、自分の考えの論理的優位を証明することが目的ではありません。

　単元の導入時、教材との出会いでの「話し合い活動」では、知っていることや感じたことなどを自由に出し合いながら、子どもたちに「もっと調べてみたい」という意欲を生み出すことが重要です。自分の興味・関心に基づいて調べる活動に向かわせることがねらいなのです。

　「仮の課題」に基づいて、子どもたちがそれぞれ自分の興味・関心をもった事実について調べて、それについての自分の考えを出し合う「話し合い活動」では、それぞれの考えの間でのズレや対立が明確になることが重要です。それぞれの子どもに「真の課題」を見つけさせることがねらいなのです。つまり、それぞれの子どもに、自分とは異なった考えに出会わせ、自分の考えが揺さぶられていることを意識させるのです。自分の考えを立て直すという必要性から、事実についてさらに調べる活動や自分の考えを再構築す

Ⅲ　学習活動を構想・実践する　　79

る活動に向かわせるのです。

　単元のまとめとしての「話し合い活動」では、それぞれの子どもに、「この単元の学習活動で自分はどのようなことを学んだか」について語らせます。それについてそれぞれの子どもに「自分の学んだこと」と比較しつつ考えを交換させることが重要です。そのようにして相互の学びを理解し合うことがねらいなのです。

　集団学習は、子どもたちが友だちの学びと出会い、相互の学びを交流させ、そこから自分の学びを再出発させていく場なのです。子どもたちがお互いに刺激し合って、お互いの学びをさらに先へと発展させる契機なのです。「話し合い活動」では、それを通じて次の追究への見通しや動機付けが得られることが重要なのです。集団学習、特に「話し合い活動」は、子どもたちの「集団の教育力」が機能する場とならなければなりません。

④ 「個別学習」と「集団学習」の繰り返し

　問題解決学習の単元では、「個別学習」と「集団学習」は、次のように順繰りで設定されることが望ましいでしょう。

　　第一次の集団学習　教材と出会う。興味・関心を喚起する。「問い」（「仮の学習課題」）を生み出す。
　　第一次の個別学習　自分の興味・関心のある事実を中心に調べ、それについて自分の考えを持つ。（「仮の学習課題」に基づく追究）
　　第二次の集団学習　自分の調べた事実とそれについての考えを出し合い、相互の考えの間でのズレや対立を生み出す。（「真の学習課題」を成立させる）
　　第二次の個別学習　自分の考えを再構築するために調べ直し考え直す。（「真の学習課題」に基づく追究）
　　第三次の集団学習　自分が学んだことについて語り、また友だちが学んだことについて理解を深める。

「話し合い」を通じて興味・関心を喚起したり、「問い」を生み出したりし（第一次の集団学習）、興味・関心や「問い」に基づいて事実を調べて自分の考えを持ち（第一次の個別学習）、事実とそれについての考えを出し合って「問い」を深め（第二次の集団学習）、自分の考えを再構築するために事実を調べ（第二次の個別学習）、再構築された考えを自分の学びとして語り合う（第三次の集団学習）のです。

このように「個別学習」と「集団学習」を、子どもの追究が深まっていく過程となるように繰り返していきます。

§3　学習活動の「文脈化」

① 体験活動や現地調査

単元の学習活動の展開において、体験活動や現地調査などを、どのように設定するかついても考えなければなりません。特に小学校の場合、問題解決学習では、直接体験は単元の学習活動の命です。子どもたちの必要に応じて、できるだけ繰り返し体験活動や現地調査を行うことができる教材を選択しなければなりません。また、必要に応じて繰り返し実施できるように、単元の展開を柔軟に構想することが必要です。

繰り返し述べますが、直接体験で五感を通して「心が動く」感覚を得ることから探究は開始されます。それを言語によって、「知的な気づき」として伝え合うことを通じて、子どもたちの中に「問い」が発生します。また、自分たちの疑問を直接体験に戻って確かめようと動くことにより、子どもたちには、考えて行動するという経験が遂げられます。直接体験に基づいて考え、直接体験に戻って確かめるというように、「行うこと」・「考えること」・「知ること」を相互に結びつけるのです。

事例12　生の素材を使用した直接体験

小学4年の「理科」で、空気鉄砲を使用して空気の伸縮について感じ取る活動が行われていました。

Ⅲ　学習活動を構想・実践する　　81

しかし、教師は、赤球と青玉、押し棒、プラスチック性の透明筒が準備されている市販のキッドではなく、藪から切り出してきた竹筒を用意し、玉には新聞紙やテッシュ紙、ジャガイモなど様々な素材を使用させて自由に活動させました。確かに市販のキッドを使用すれば、空気が圧縮されて一つの玉がもう一つの玉を押し出す様子をきれいに見せることができます。理科の学習としては効率的でしょう。

　次の時間、子どもたちはそれぞれ前時の活動で気づいたことを発言しました。

　子どもたちから、「サツマイモを玉にしたが、ジャガイモよりも柔らかいために棒で押すと崩れてしまった」、「新聞紙と同様にジャガイモを水につけたら飛びやすくなると予想して水につけたら逆に柔らかくなって崩れてしまった」、「前時に使用したジャガイモ玉が乾いて固くなっており、それを飛ばしてみるとよく飛んだ」などの発言が出されました。そこから「御飯も乾くと固くなるよ」「パンも固くなるよ」などの発言が続きました。また、「キッチンペーパーよりもティシュのほうが、網の目が細かいから空気がもれずよく飛ぶんだ」、「竹筒の広いほうの口から玉を入れて、細い口から飛ばすようにすると中がだんだん細くなって押された球が縮むから、空気がもれずによく飛ぶ」などの発言が続きました。

　子どもたちは生の素材に自由に働きかけて自然現象を楽しむことにより、物質の多様な性質について発見しています。活動を通じて大切な知識を自分たちで対象となる素材について実感しつつ発見的に習得しているのです。

②　豊かな直接体験から想像が生まれ理解が促進される

　確かに、社会科や理科、生活科、総合的な学習の時間などでは、直接体験を単元の学習活動に設定することは可能です。しかし、国語科や算数科などの教科ついては、どのように考えたらよいのでしょうか。

　これらの教科でも、教材文や問題の意味を考えるために、自分自身の体験

を通じて気づいたことが道具として使われなければなりません。また、実際の具体的な状況の中で、言葉や計算を使用して問題を解決する活動と結びつけられなければなりません。そのように「文脈化」することできなければ、子どもにとって教材や問題の述べている状況について理解することも、学んだことを生活で活用することもできません。

　例えば、社会科や総合的な学習の時間で、地域の人にアンケート調査を行うための協力依頼状を書くなどを通じて、子どもたちは適切な手紙文の書き方を学ぶ意義を理解します。また、理科や図画工作科などで、自分の製作したい作品を作り上げる作業の中で、子どもたちは正確に計測したり計算したりする方法を学ぶ意義を理解します。

　国語科や算数科などでは、単元の学習活動の中で体験活動を入れる機会は少ないものの、子どもたちに直接体験とどのようにつなげて考えさせるのか，教師は想定することが必要です。特に全国学力調査のＢ問題は、出題された問題で提示されている状況を、自分の類似した直接体験での状況に置き換えて、つまり「文脈化」して考えることができるかが、その問題に取り組むうえで重要な動機になっています。

　社会科でも、例えば「さまざまな土地のくらし」や歴史的単元は、直接体験の難しい単元です。直接体験のできない教材について、子どもたちが理解するうえで、それまでに蓄積されている直接体験の豊富さが鍵となります。例えば、雪がほとんど降らない土地の子どもが、「雪の多い土地のくらし」について予想した場面で、次のような「問い」を述べました。

　　「火事が発生したとき、雪が多いと消防車はゆっくりとしか走れないだろう。間に合わなかったということはないのか」

　この「問い」は、自分の地域の生活についての学習活動での直接体験を手がかりに、つまり、「雪が積もる」という状況を「文脈化」することで生み出されています。

　また、歴史的単元でも、歴史上の人々の生きた状況についても子どもたち

Ⅲ　学習活動を構想・実践する　　83

は同じように「文脈化」して理解しようとします。第5学年の産業学習で、地域の農業や工業に従事する人と直接に会い、その人の価値観、願い、感情などを、観察や聞き取りなどを通じて学んだことが、そのための手がかりとなります。

間接的な情報の意味は、直接体験に基づく想像によって、「文脈化」されて理解されるのです。想像は、未知のものを理解していく助けとなります。想像は、豊かな直接体験を基盤として生まれます。直接体験が乏しければ想像力も乏しくなり、未知のものを「文脈化」して理解することは難しくなるのです。

事例13 「座れない子、かわいそうだろ！」

小学3年の「算数」で次のような問題が出されました。

「32人の子どもがいます。6人掛けのイスを用意します。全員が座れるためにはイスはいくつ必要でしょうか。」

真面目そうな女児たちは、「5つ」と言う。「5つ」という子どもたちは「式の答えと問題の答えが違ってはいけない」と言います。

するとガキ大将のような男児が、「座れない子、かわいそうだろ！」と言いました。続いて別の男児たちが、「そうだよ。ケンカしたらどうするんだよ」「泣く子が出たらどうするんだよ」と続けました。

「5つ」と答えていた子どもたちは、「体育座りすればいい」「座布団を用意すればいい」などと述べていました。しかし、しだいに学級の子どもたちは余りを一つの単位として切り上げるという、この問題の主旨に気づき始めました。

ガキ大将にとって、集まってきた子どもたちの間に不平不満が生じないように仕切ることは大切な能力です。ガキ大将としての信頼にかかわる問題です。そのような日常生活の中での感覚が、この問題の意味について「文脈化」して考えていくことの基盤となったのでしょう。

§4　年間指導計画での単元配置

1　単元の軽重

　全ての教科の全ての単元を問題解決学習として構想・実践し、そこで多様な直接体験を子どもに与えることは確かに理想です。しかし、現実問題として不可能です。ですから、年間指導計画において、単元の「軽重をつける」ことが必要なのです。教師が重点的に取り組みたい教科や領域、あるいは学校で研究している教科や領域で、学期に1単元くらいを問題解決学習の重点単元として構想・実践するのです。

　問題解決学習の実践は、それに適した教材がある単元が適切です。

　次の点がそのような教材の条件となります。

　ⅰ　子どもたちの興味・関心がある。
　ⅱ　直接体験を繰り返すことができる。
　ⅲ　地域に適切な協力者がいる。
　ⅳ　子どもたちの追究を粘り強く深めさせることができる。
　ⅴ　子どもたちの生活の仕方を考え直させることができる。

　また、教師が育てたい「この子ども（たち）」にとって価値あり、その子ども（たち）が育つうえで有効な教材を使用できる単元もよいでしょう。

　そのような教材がある単元を、問題解決学習を実践する「重点単元」とします。そのためには、年間の指導計画をしっかりと立てなければなりません。年間指導計画の中に問題解決学習を設定するということは、ある程度時間をかけて子どもたちに学び方や学び合う関係を育てる単元を設定することなのです。そして、時間をかけない単元の学習活動では、重点単元で育てた学習方法を実際に活用させるのです。教師が指示したり教えたりしなくても、自分たちで学習活動を進めることができるようにするのです。つまり、問題解決学習で育てた子どもたちの学び方・学ぶ力を応用させ、その成果を

Ⅲ　学習活動を構想・実践する　　85

問うのです。

　重点以外の単元では、学習活動で、例えば、子どもたちが次のように動くことができるかを見ます。

　ⅰ　教科書や資料集などを自分から使いこなしているか。
　ⅱ　友だちとの情報や意見交換を積極的に行っているか。
　ⅲ　質の高い「問い」を短時間で見つけることができるか。

　学習活動全体で、子どもたちがこのように育つことが最終目的なのです。

　問題解決学習に取り組んでいる教師から、しばしば次のような話を聞きます。すなわち、「年度当初は学習指導・支援に時間がかかったけど、しだいに子どもたちが自分たちで学習活動を進めることができるようになったため、3学期には時間に余裕ができるようになった」。つまり「子どもが育った」という証言です。そうなると「基礎基本の徹底」にも時間をかけることができるのです。

　問題解決学習を構想・実践するとは、全ての単元をそのように計画して実施することではなく、全ての単元の学習活動で、子どもたちが「主体的・対話的で深い学び」を遂げることができるように、子どもたちを「育てる」ことなのです。そのような視野と展望において年間指導計画を立てることが、カリキュラム・マネジメントの要点なのです。

②　「重点単元」のねらい

　問題解決学習として構想・実践する「重点単元」では、学習指導・支援は、次のような点をねらいとして行います。

　ⅰ　子どもたちに学習の仕方を身につけさせる。
　ⅱ　子どもたちの間にコミュニケーション豊かな仲間関係を育てる。
　ⅲ　学んだことを通じて自分の生活の仕方を見つめさせる。

つまり、「子どもを育てる」ことがねらいなのです。問題解決学習の「重点単元」での学習活動を通して、「主体的・対話的で深い学び」ができるように、そのための方法を子どもたちに身につけさせるのです。また、その成果は、子どもたちの学習活動に向かう態度だけではなく、学校や日常でのあらゆる生活に立ち向かう姿に示されなければなりません。

つまり、問題解決学習を実践することを通じて、次のような生活の仕方が子どもたちに見られるようになることが望まれます。

ⅰ　子どもたちが意欲的で温かく仲良くなった。
ⅱ　自分たちで自主的・積極的に活動に取り組むようになった。
ⅲ　ドリルや宿題、清掃なども丁寧にやるようになった。
ⅳ　怪我や事故が少なくなった。

このように、問題解決学習は、学習指導と生活指導とを統一する指導法なのです。

2　学習活動の価値についての考え方

§1　調べ活動の指導・支援

１　身体を通じて「『世界』の中で生きている自分」を実感する

問題解決学習では、子どもたちに直接体験をできる限り与えます。

学ぶことは、基本形としては、自分の感情が強く動かされ、自分の身体を通じて「世界」（人・もの・こと）と直接的な相互作用が密度濃く展開される活動です。そのようにして、自分と「世界」との互恵的な関係が豊かに形成されていく活動です。

このような直接体験の豊富な蓄積を基盤として、文章を読んだり、他者から話を聞いたりなど、間接的な情報を手がかりとする学習が可能になるのです。つまり、間接的な情報について「文脈化」して、自分の生きる「世界」

Ⅲ　学習活動を構想・実践する　　87

の中での出来事として理解することが可能になります。

　また、子どもは、自分の全身を使って全力で「世界」に働きかけ、その反応を自分自身の五感や感情によって受け取るという相互作用を伴う活動を通じて、「自分がこの『世界』の中でどのような存在なのか」についての実感を得ることができます。つまり、自分は「どこまで成長して何ができるようになったのか」、「まだ何ができないのか」、「これから何がどのようにできるようになりたいのか」など、この「『世界』で生きる自分の生き方・在り方」について知ることができるのです。このように、「世界の中で自分の存在を実感している子ども」は心が安定しており、「自分をさらに成長させよう」と意欲をもって学習活動に取り組んでいきます。

② 「調べ活動」に効率を求めてはならない

　この点で、問題解決学習では、可能な限り、子どもたちの直接体験による「調べ活動」を行えるように構想することが必要となります。

　その際に、子どもたちの調べ活動の進め方について効率を求めてはいけません。また、「転ばぬ先の杖」のように、教師が先回りして道を整えたり、マニュアルを用意して与えたりしてもいけません。

　確かに、活動の前に「見通しをもたせてしっかりと計画させ、十分な準備をさせる」ことは必要です。しかし、「育てる」とは、子どもたちに必要性を自覚させ、「自分でできる」ようにすることです。時には子どもたちに「勢いで走り出させて転ばせる」ことを意図的に仕組むことも必要なのです。子どもたちを転ばせたり、迷子にさせたりして、身をもって「見通しをもち計画を立てて準備してから開始する」ことの必要性を自覚させるのです。そのうえで、計画的に行動できるように育てるのです。

　教師があらかじめ整えた道を進んだとしても、子どもたちがそこから得られる知識・技能は、教師が予定していたものに限定されます。

　しかし、子どもは、転ぶ、迷子になる、失敗するなどして、教師の予想を超えて多くの知識・技能に出会うことかできます。転ぶことには、自分自身の痛みが伴います。迷子になることには、自分自身の不安や恐怖の感情が伴

います。失敗することには、自分自身の驚きや未熟さの自覚が伴います。そのような感覚や感情を自分のものとして引き受けることによって、新たな知識・技能が「身につく」のです。問題解決学習の意義の一つは、子どもたちに密度濃くこの「世界」を直接体験させ、この「世界」を実感させることにあります。「この『世界』の中でこの『世界』と互恵的につながって生きている自分」に自信を持たせることです。

　もちろん、体験活動では、その単元の学習活動で習得させたい知識・技能につながるような「気づき」を得させることは大切です。しかし、直接体験からは、多様な豊かな「気づき」を得ることができます。必然性をもって余分な知識・技能を習得できるように保証することにより、学ぶことへの意欲や自信など、その後の学びを豊かなものにしていく基盤が形成されます。

　「這いまわっている」ように見えても、子どもたちは這いまわっているだけではありません。直接体験を通じての子どもたちの「心の動き」に共感し、そこから得られた多様な「気づき」を励ますことにより、単元の学習活動が教師の予想を超えて深まったり、予定外の方向で充実した進路が開けたりすることもあります。

③　「泥臭く調べる」力を育てる

　問題解決学習の単元では、子どもたちの情報の集め方を重視します。調べる力を育てるには、「自分の足で現場に出かけ、自分の眼で事実を見、自分の耳で当事者から話を聞き、自分の手でやって情報を得る」という経験が不可欠です。

　確かに、教師は、子どもたちがインターネットや辞典などを使用して効率的に調べることも推奨しなければなりません。しかし、そのような調べ活動は、直接体験で調べることのできない情報の収集に限定されるべきです。

　直接体験を通じて得られた情報は、事実全体の一部分にすぎないかもしれません。学術的には取るに足らない些細なものかもしれません。しかし、それは、子どもが自分で（「主体的」に）動いて、自分の身体を通して「世界」と（「対話的」に）相互作用して得てきた情報です。子どもが、自分か

ら動いて情報を得てきたということが大切なのです。主体的に「世界」と対話するという直接体験をしたことに価値があるのです。「調べる力」とは、「自らの必要性に基づいて自分で動いて事実を調べる力」です。

　そのような力を育てるために、教師は、子どもが泥臭く直接体験することの価値をしっかりと自覚しなければなりません。

　「ポスト・トゥルース」の時代になったと言われています。

　安易にインターネットやマスコミによって提供される情報を鵜呑みにして信じてしまう、あるいは、自分の都合のよい事実にしか眼を向けずに一面的な世界にこもってしまう―などの傾向が強まったといわれます。民主主義にとってきわめて危険な傾向です。たとえ泥臭くても、自らの必要性に基づいて自分で動いて事実を調べる力を、子どもたちに育てることを大切にしなければなりません。

　問題解決学習の単元では、教師は子どもたちの「這いまわり」や「試行錯誤」を見越して計算に入れ、子どもたちが、自分から動いて「世界」と密度濃く相互作用し、様々に「心を動か」して、多様な気づきを自分で得るという学びを経験させることが重要です。そのようにして、自分自身で何が事実なのかについて調べていく資質・能力を育成するのです。

事例14　遊びながら豊富な知的気づきを蓄積する

　小学２年生の子どもたちが「生活」の活動で、自分の上履きを洗うことに挑戦しました。

　雨天だったため、家庭科教室で行われました。

　E君は、自分の上履きを「臭いで。臭いで」と言いながらつまみあげ、友だちの鼻先に近づけ、その後、バケツの中に放り込みました。そして、ビニール袋に入れて持参した洗剤を全部バケツの中に入れました。E君は、そのバケツを水道の蛇口の下に置き、水道の水を勢いよく出しました。すると、洗剤の泡が急激に膨らんで立ち上ってきます。E君は「うぉ！」と驚き、水道を止め、またすぐに勢いよく出します。水を出すたびに洗剤の泡が立ち上ってきます。何度か繰り返し、「アワアワが急に

膨らむで」と述べました。

　上靴を洗うのを終えたE君は、家庭科教室の様々な備品に興味を示します。各グループの作業台の脇には洗濯用の水槽がついています。その近くに附置されている洗濯板に興味を示します。洗濯板を手で撫でてその感触を実感しています。友だちの手を握ってそこに当て、友だちにその感触を実感させ、「変な感じやろ」と言っています。洗濯板を斜めにして水を流し、正規の方向からの水の流れと反対方向から流した場合との違いを比べています。

　授業の最後、子どもたちは半円形に集合して、感想を出し合っていました。しかし、E君はそこには加わらず、自分の上履きが干してある物干し竿のある場所にいます。洗濯した上履きは針金製のハンガーの両端を折り曲げて、そこに片方ずつかけて干してあります。揺らすと振り子のように揺れます。E君はそれを楽しんでいます。さらに、その揺れに合わせて自分も身体を揺らしています。

　はみ出して遊んでいるように見えますが、そのような中で様々な物質や現象についての多様な気づきを自ら得ています。そのような気づきが、教科の学習における考えるための手がかりや道具として蓄積されるのです。興味・関心を持って自分から周囲の世界に働きかけるE君のような能動性は、大切にされなければなりません。

§2　「話し合い活動」の意義

① 聞き合い考え合う「話し合い活動」

　先にも述べましたが、「話し合い活動」というと、ディベートがイメージされます。

　しかし、「AかBか」をテーマに、子どもたちに対立的・二者択一的に「話し合い活動」をさせても、そこから対話が生まれるでしょうか。「深い学び」は遂げられるでしょうか。

Ⅲ　学習活動を構想・実践する　　91

「話し合い活動」では、「対立に決着をつさせる」ことが目的となってはいけません。確認すれば、「対立」を契機として、それぞれの子どもの考えが揺さぶられることが重要なのです。そのようにして、単元後半の学習活動での「調べ直し・考え直しの活動」へと、必然性をもって子どもたちを向かわせることが目的として重要なのです。単元の後半の学習活動では、部分的には相互に矛盾し合う諸事実を、統一性のある意味体系にまとめることがめざされます。ですから、対立的・二者選択的な論争的な話し合いは無意味なのです。現実の問題解決では、「ＡもＢもできる限り両立させる」ための方法が探り求められます。問題解決とは、選択的な「択一」ではなく、止揚的な「両立」なのです。

　現実の問題解決をめざす「話し合い」では、自分の主張の正当性を一方的に論じ立てたり、相手の主張の欠点について一方的に論駁したりするだけでは「解決」に至りません。現実世界での問題解決は、当事者同士が解決をめざして、誠実に交渉を続けることでしか進めることはできません。しかも、解決策に双方が納得するのでなければ「解決された」とは言えません。どちらかにだけ不満が残されたままでは、「解決された」状態とは言えません。

② 「交渉としての話し合い」の誠実な継続

　例えば、グローバルな問題としては国際的な紛争や外交問題、ローカルな問題としては地域や近隣の生活におけるトラブルなどは、当事者同士の誠実な「話し合い」の継続によって解決をめざさなければなりません。

　現代は、グローバル化によって、多文化共生・多元的価値の時代になったといわれます。また、「取り残された人々」によるポヒュリズムや偏狭なナショナリズムの危険性が指摘されています。このような時代において、子どもたちに、どのような「資質・能力」を育てることが必要なのでしょうか。例えば、自分とは異なる価値観や文化をもつ人々との間で発生した問題について、その相手と解決をめざして粘り強く誠実に交渉していくことは、現代の社会できわめて必要とされる「資質・能力」です。

　「交渉としての話し合い」では、双方が納得のできる解決策を生み出すこ

とがめざされます。つまり、双方それぞれに不満が残るとしても、「双方にとって不満以上に魅力的な解決策」を協力して創り上げることがめざされるのです。双方が合意できるような解決に至るためには、異なった他者と敵対者として対峙するのではなく、交渉相手として並び合わなければなりません。共に問題解決をめざすパートナーとして相互を位置付け合わなければなりません。

　そのようにして交渉を進める過程には、不可解さ・不確実さ・不愉快さなどが伴います。しかし、本当に思慮のある人や本当に知的逞しさのある人は、そのような不可解さ・不確実さ・不愉快さを引き受けて、短気を起こさずに粘り強く誠実に交渉を進めることができます。

事例15　否定せずに聞いてあげる

　小学5年の「社会」で、チャイムが鳴り授業が終わろうとしたときです。

　一人の男児が、「もう一つ言いたいことがある」と挙手をしました。発言したくて仕方がないものの、話し合い活動の流れからは外れがちな発言の多い男児です。正直なところ「またか」と感じるような場面でした。

　しかし、教師は「次につながることを言ってくれるかもしれないよ」と、その男児に発言を許しました。

　男児は教室の前に出て黒板に、お椀のような図を描き「ここに畑を作れば農薬とかが外に漏れない」と説明しました。コンクリートで大きな鉢を作って土を入れ、その上部を畑にすればよいというのです。そして、お椀の底に穴をあけ、そこから農薬を含んだ水を抜き取れるようにすればいいというのです。

　突拍子もないアイデアですが、子どもたちは「ああ、そうか」「なるほどね」と否定することなく聞き、その男児の発言を妨害しようとはしませんでした。

　ほんの1〜2分間の出来事です。少数派の発言の機会を認め、温かく聞こうとする学級の雰囲気が感じられました。他者の発言の機会を否定せず

Ⅲ　学習活動を構想・実践する　　93

に聞こうとする態度に、その時間の「社会」の学習内容以上に、子どもたちに民主的社会に生きる大切な資質・能力が育っていると感じました。

③ 聞いて相手を洞察すること

相手と「交渉」していくためには、相手を知らなければなりません。「交渉」は、自分の立場を主張するだけでは進展しません。相手がなぜそのように主張するのかについて理解することが不可欠です。つまり、相手が何を願っているのか、大切にしたいのか、恐れているのか、求めているのかなどを想像しつつ、相手の言葉を誠実に聞かなければなりません。その言葉の根底や背景にあるものを洞察的に読み取っていくことが不可欠なのです。相手について理解したうえで、どのような言葉により、どのように説明していくことができるのかを考えます。そのうえで、自分たちの主張について、どのようにすれば相手から理解が得られるのかを考えるのです。

「交渉」とは、一歩一歩、相互理解を積み重ねていく努力に基づくのです。「交渉」は相互に対する誠実さによってのみ支えられます。確かに時間はかかります。しかし、お互いについて理解し合おうとする努力によって、「合意」への到達の希望が維持されるのです。「話し合い活動」では、「友だちの考えを聞き、その考えについて一緒に考えて発展させる」という活動として展開されなければなりません。

したがって、理路整然と主張できる論者よりも、友だちと一緒に考えてあげることに努める「誠実な聞き手」を育てることが重要なのです。子どもたちの話す能力は、そのような温かい「誠実な聞き手」が存在することによって育つのです。そのような「誠実な聞き手」を育てることにより、自分の考えを相手にわかってもらおうと、相手に伝わる言葉を考えて「対話的」に語る「誠実な語り手」も育つのです。

話し合い活動を友だちの考えを聞き合い、一緒に考えてあげて助け、そのようにして友だちの考えを発展させてあげる活動と位置づけなければなりません。対話とは独話的な主張が対決的にぶつかり合うことではありません。

対話とは、共に「聞き合って考え合って、考えを協同的に発展させていく言語活動」なのです。だから、そこに参加することによって、子どもたちに「深い」学びが遂げられるのです。

④ 富山市立堀川小学校や奈良女子大学附属小学校の「話し合い活動」

このような「話し合い活動」の形態は、富山市立堀川小学校や奈良女子大学附属小学校の学習活動で典型的に見られます。

富山市立堀川小学校の「話し合い活動」は、次のように進められます。

　ⅰ　第一発言者が自分の追究について、どのようなことからどのような問いを持ち、それについてどのように調べて考えているかなどについて語る。
　ⅱ　他の子どもたちはそれぞれ自分の追究と比べつつ、それについてどのように聞いたかを出し合う。
　ⅲ　そこから論点を形成して考え合う。
　ⅳ　それぞれに自分の追究を見直して、その後の追究を深めるための方向性を見定める。

奈良女子大学附属小学校の「話し合い活動」は、次のように進められます。

　ⅰ　一人の子どもが自分の追究していることについて前に出て発表する。
　ⅱ　他の子どもたちは「おたずね」を次々と出す。
　ⅲ　発表した子どもは、自分の意見や予想などを交えて質問に答える。
　ⅳ　意見や予想も交えつつ議論を展開する。
　ⅴ　さらに調べたり考えたりし直す必要性が発表者に生まれ、聞いていた子どもたちは自分の追究を刺激される。

「話し合い活動」は、ディベート的な討論としてではなく、「対話的に聞き

Ⅲ　学習活動を構想・実践する　　95

合って考え合い、相互の発展を助け合う」互恵的な活動として行われなければなりません。

§3　子どもの「集団の教育力」の活性化

① 子どもの「集団の教育力」

　繰り返し述べますが、問題解決学習とは、学習指導と生活指導とを統一的に指導する方法です。

　これからの社会では、チームで課題を設定して達成していく活動に参加・貢献できる資質・能力が求められます。ですから、学校では、そのように生きる資質・能力が育成される学習活動を、子どもたちに経験させなければなりません。

　学校で行われる教育は、公共的な活動です。学校は、社会から負託された活動を実施するための公共的な機関です。この点で、学校は、親の私的な願望・要求に応えるための場ではありません。将来の「社会生活をみんなで力を合わせて支えていく人間」の育成を第一の使命とする機関です。

　学習とは、子どもを社会的な存在とするための活動なのです。学校が公共的な使命を果たすうえで、「学校で採用しなければならない」、また「学校だから可能な」方法があります。子どもたちの「集団の教育力」を引き出して活用するという方法です。ここに、塾などの他の教育機関との決定的な相違があります。子どもには「集団の教育力」があります。つまり、「群れ」になって自主的・主体的な活動に熱中して取り組む中で、相互に刺激・支援し合いながら育ちます。

　相互に認め合い、励まし合えるような仲間関係が構築されている学級では、「能力の高い子ども」が、他の子どもたちの前で堂々と「自分のよさ」を発揮します。そして、他の子どもたちは、その「よさ」を素直に認めるとともに、それを自分の中に取り入れていきます。そのようにして、「一人の子どものよさが全員に伝わる」のです。「学級全体の水準が高まる」のです。また、わからなかった子どもが「えっ？　どうして？」とためらうこと

なく「わからない」と表明できます。そして、その場でわからなかったことを解消することができます。そのようにして、「底支え」が保障されるのです。

　問題解決学習では、教師は、個別学習でそれぞれの子どもの可能性を見つけ、その可能性が実現されるように支援します。集団学習では、それぞれの子どもに、自らが実現したよさを発揮させます。そして、他の子どもたちがそれを認めて受け入れて、学級全体に広がるように指導・支援します。

　このようにして、子どもたちの学習指導を行うとともに、「学び合って高まり合う」仲間関係づくり、すなわち生活指導が同時に達成されるのです。

② 子どもたちが「本源的」に求めているもの

　子どもたちの「集団の教育力」を活かすことが、学力形成のうえでも、生活の安定のうえでも、きわめて効果的な方法なのです。

　子どもたちは、仲間がいるから学校にやってくるのです。子どもたちは、みんなで楽しくて一生懸命になって全力でエネルギーをぶつけ、その心地よさをみんなで確かめ合い、共有したいと願っています。また、自分たちで価値を見出している課題に全力で挑戦してやり遂げて、その達成感や成長感を共有したいと願っています。教師は、子どもたちのそのような「本源的な願い」に応えなければなりません。

　学校教育の基本的な使命は、究極的には社会で役立とうと努力する人間を育てることです。社会の中で自分の職務に誠実に取り組むことのできる人間を育てなければなりません。学校生活は、子どもを社会的に自立させていく過程です。そのためには、仲間からの評価を励みに努力するように学習活動を方向づけることが必要です。

　したがって、子どもたちが、お互いに「よさ・努力・成長」を認め合い、「学び合い支え合って高まり合う」仲間関係が構築され機能するように、教師は導かなければなりません。子どもたちは本来的にそのような関係を求めているのです。学校の教師の専門的な力量は、子どもたちが本来持っている「集団の教育力」を引き出して機能させることにあります。また、そのこと

Ⅲ　学習活動を構想・実践する　　97

は、子どもたちの「本源的な願い」でもあるのです。子どもたちを「管理」して学力を高めようとしても、あるいは、お行儀よさや従順さを「強制」しても、結局は破たんが生じてしまいます。

§4 地域のゲスト・ティーチャー

① 「人」との出会い・「人の生き方」から学ぶ

社会科をはじめ生活科、総合的な学習、特別活動などでは、地域の人や専門家をゲスト・ティーチャーとして招いて、子どもたちにお話をしてもらうことがあります。あるいは、現地見学のときにお話を聞くこともあります。

そのようなとき、子どもたちの心が強く動かされ心の中に強く残されるのは、その人の「大人としての生き方」が表現された言葉です。自分の仕事に対する厳しさと誇りなど、その人が努力・工夫して「世界」にかかわって誠実に生きていることが語られている言葉です。子どもは、そのような言葉に心を動かされ、その人を好きになることにより、自分もやがて「大人として生きるのだ」ということを意識します。「大人としての生き方」を意識できる出会いが、キャリア教育として、子どもの成長に意義を生み出します。

しかし、現代の子どもの生活において、子どもたちがこのように実感できる経験は保障されているでしょうか。多くの子どもたちにとって、日常的に接する大人は親と教師に限られています。現代では親戚の人数も減っています。子どもが多様な大人と出会い、その大人から「大人としての生き方」を感じる機会を持ちにくくなっています。自分が「世界」とのどのようなつながりの中で生きる大人へと成長していくのか、イメージを描きにくくなっているのです。

② 子どもたちが「大人としての生き方」を意識できるようにするための留意点

学校では、意図的にゲスト・ティーチャーを招く機会を設定しなければなりません。子どもたちが多様な大人に接触して、「大人としての生き方」を

意識できるように支援することが必要なのです。

その場合、次の点について考慮しなければなりません。

① 「大人としての生き方」が伝わるようにする

　ゲスト・ティーチャーを単なる知識（情報）の提供者や技能の指導者として、いわば、都合のよいワンポイント教師として利用してはいけません。その人の仕事や活動についてのお話から、子どもたちに、その人の「大人としての生き方」が伝わることを中心的なねらいとしなければなりません。

　その人の生き方が子どもたちに伝わることにより、例えば、「○○さんが損しないためには、どのような制度（システム、法律など）が必要か」「○○さんの仕事が発展するためには、○○さんはどのような選択（例えば、製品の高級品化か、あるいは低価格化か）するとよいか」など、その人の視点を取得して、その人を応援したいという意識から、いわば「文脈化」して学習活動を展開させることができます。そのようにして事実をしっかりと調べて、その意味を深く考えるという学習活動が、子どもたちに成立するのです。

② 子どもたちに具体的な言葉で「一番心が動いたこと」を語らせる

　「一番心が動いた」場面や言葉をつかませることが必要です。子どもたちに「あれもこれも」見させよう、聞かせようとする必要はありません。また、見学やお話を聞いた後の授業で、教師は、例えば、「スーパーでは、衛生にとても気をつけていた」「お客さんのことを考えて商品がわかりやすく並べられていた」など、子どもたちに「わかったこと」について、一般化された言葉で言わせてはいけません。

　具体的な言葉で、例えば、「指の間や手首まで何回も手を洗っていた」「一万個のうちに１個でも不良品があったら全部捨ててやり直しだって」など、「自分にとって心に残っている場面や言葉」について、「自分の言葉」で発言させるのです。

　そのような言葉で発言させることにより、子どもたちの間で、「そうだそうだ」「なぜだろう」「違うよ。もっと多かったよ」など、対立やズレが生じます。そこから子どもたちは、見た場面や聞いた言葉の意味について深く考

Ⅲ　学習活動を構想・実践する　　99

え始めます。そして、多くの事実を調べようと動き始めます。追究が深まるとともに、その人とのかかわりも、子どもたちの心の中で発展しています。

③　子どもたちに出会いを求めさせる

　見学に出かけてお話を聞く活動やゲスト・ティーチャーを招いてお話を聞くような活動は、「見学に行きたい」「専門の人に教えてもらいたい」など、子どもたちの求めに基づくものでなければなりません。

　教師は、子どもたちに、見学に出かけたりゲスト・ティーチャーを招いたりする必要感が生じるように、子どもたちの意識の流れを方向づけるのです。例えば、「そんな専門的なこと、先生だってわからないよ」などととぼけたり、「誰かそのことに詳しい専門家はいないかな」、「どこに行くと実際にやっているところを見せてもらえるだろう」などと示唆したりするのです。そして、子どもたちから、「見学させてもらいお話を聞きたい」「お話を聞いて教えてもらいたい」などの声が出てくるように仕向けるのです。

　このようにして、子どもたちが「自ら学ぶための必要感から、自分たちでお願いして教えていただく」という意識で臨む学習経験をさせるのです。このことは「主体的」な学びという点で重要です。学校に来ていただく場合には、例えば、子どもたちに歓迎委員会を組織させて、「迎え」から「見送り」まで、その人の接待について計画・実行させるとよいでしょう。

④　教師が「学び方のモデル」「他者のとかかわり方のモデル」となる

　教師は、「学び手のモデル」としての姿を子どもたちに示さなければなりません。

　教師も「その人から子どもたちと一緒に学ぶ」という姿勢で臨むのです。教師自身が、見学でその人に会うことや、その人を教室に迎えることが楽しみであるという態度を、具体的な言動で子どもたちに示すのです。教師自身が「学ぶこと」や「他者とかかわること」のモデルを示すのです。それにより、子どもたちもその人と会うことを楽しみにし、その人と過ごす時間を温かいものにしようとします。

　また、教師が見学して実際の場面を見るときや担当者の話を聞くときに、驚きや共感、不思議さなどを、表情やつぶやきなどで表明します。子どもた

ちを意識して、子どもたちに、聞き方・反応の仕方の「モデル」となるように、教師が率先して示すのです。「他者から学ぶ」ための学び方を具体的に示すのです。例えば、次のように、子どもたちに質問を促したり、「心が動いた」場面を想起させたりすることができます。

T「〜というところですが、そこはどうなのでしょう？　みんなもそこのところどう思いましたか？　聞いてみたいでしょう？」

T「先生は、……というところがすごいな、ここに秘密があるのではないかと思ったのだけど、みんなはどうですか？　どこに秘密があると思いましたか？」

　このような支援によって、教師が、他者とかかわり合って、自分の「世界」を広げようとしている姿を子どもたちに示すのです。教師が一人の「学び手」として、子どもたちに自分をさらけ出さなければなりません。

③　大人との「橋渡し」の役割

　子どもが、社会の中で役立つ大人として自立していくことは、学校の教師一人の力で支援しきれるものではありません。

　現代の生活では、子どもが様々な大人とかかわり合い、自分が大人になっていくイメージを持ちにくくなっています。学校の学習活動でそのような機会を意図的・計画的に準備するのです。このことは現代の学校教育で担うべき新たな役割です。教師の一つの重要な役割は、子どもたちに「価値ある学び」の機会を提供してくれる大人と子どもたちが出会う機会を設定することです。そのような「橋渡し」の役割を果たさなければなりません。

　学校の教育活動に対するそのような地域の大人の協力を引き出せる点に、学校や教師の人間力やコミュニケーション能力が問われます。

事例16　あきらめない気持ち

　小学３年の「総合」で、地域の人の活動を「材」として、それを紙芝居

Ⅲ　学習活動を構想・実践する　　101

にして紹介する活動が進められていました。子どもたちは商店街に出かけて、それぞれお店について、そのお店の人から取材したことを報告していました。ある男児は豆腐屋に出かけ、そこでおじさんから聞いた話について、次のように述べました。

　「ぼくは、豆腐屋のおじさんの『あきらめない気持ち』を紙芝居で伝えたいです。おじさんは、『もう年だし、あまり豆腐も売れないからそろそろ店を終わりにしたいのだけど、うちの豆腐を「おいしい」と言って買ってくれる人がまだいるから、もうひと頑張りしてみようと思っている』と言っていました。だからぼくは、『あきらめない気持ち』が大切なのだなと思いました」。

　地域で生活する人の生の声です。「生活すること」の中から出てきた、その人の生きることについての真正の言葉です。

　この男児も、成長していく過程で、さらに大人になってからも、きっといくつもの苦難に出会うことでしょう。そのときに、このとき聞いた「もうひと頑張りしてみよう」という言葉が、将来のこの男児にとって励ましとして蘇るかもしれません。そうであるならば、この男児は学習活動を通じて、自分にとっての「一生もの」の言葉を得たことになります。

　もちろんこのような言葉には意図して出会えるものではありません。しかし、教師は学習活動を、その子にとって「一生ものの学び」となるような出会いに開いておかなければなりません。そして、その子にそのような出会いがあったとき、それが「一生ものの学び」となるように、「あきらめない気持ち」を価値づけなければなりません。

§5　評価観の転換

☐ 子どもの心の動きを肯定し励ますこと

　子どもが「深い」学びを遂げるためには、教師の指導・支援が必要です。教師は、それぞれの子どもが「深い」学びを遂げるために、その「契機と

なる動き」を見逃さずに発見しなければなりません。そして、その「動き」を後押しして加速させなければなりません。つまり、その「動き」を「価値づけ」て、その価値が高まる方向にその子どもの背中を押すのです。

　子どもにとって、そのような支援を与えてくれる大人と出会えるかどうかは、一生を左右する問題です。子どもが生涯にわたって意欲と自信を持って「世界」（人・もの・こと）とかかわって学び、「世界」と豊かで互恵的なかかわりの中で生きる「資質・能力」は、そのような支援を大人から受けることを通じて育成されるのです。

　例えば、意欲的に全力で生き生きと取り組む子どもの保護者はどのような性格の人でしょうか。おそらく子どもが興味・関心を示したとき、その「心の動き」を温かく肯定的に受け止め、子どもがその先へと知的に行動していくことを励まして、やり遂げたことを温かく共感的に認めるような人でしょう。そのような日常的な親子関係を容易に想像することができます。子どもは「心が動いた」ときに、年長者にそれを肯定され励まされることにより、その「心の動き」に自信を持つことができます。そして、そこから自分なりに意欲を持って追究を開始します。

　「主体的・対話的で深い学び」を生み出すためには、教師は子どもたちの「心が動く」ような環境を設定し、子どもたちの「心の動き」に寄り添って、それを「価値づけ」て自信が持てるように励ます―という指導・支援をしなければなりません。子どもたちには、教師による心理的な励ましや支えが必要なのです。子どもたちの価値ある「学び」は、子どもたちが自分たちでやり遂げようとする活動を、教師が心理的に励まし支えることによって生み出されます。教師の指導・命令によって生み出されるのではありません。子どもたちは、自分たちでやり遂げることを心理的に励まし支えてくれる教師に信頼を寄せるのです。

② その子どもの「よさ」を見つけることから始める

　子どもたちが「主体的・対話的で深い学び」を遂げることは、一気呵成にできるようにはなりません。一歩一歩、子どもたちに自らの学び方を振り返

Ⅲ　学習活動を構想・実践する　　103

らせて、前進させていくことによって達成されます。つまり、次のように自ら学ぼうとする動きに寄り添って支えることが必要です。

　　i　それぞれの子どもの「よいところ・成長・可能性」を見つけてほめる。
　　ii　それを自覚させて自信が持てるようにする。
　　iii　さらに伸びるような活動を示唆して意欲を高める。
　　iv　その活動を励ましてやり遂げることを支える。
　　v　やり遂げた成就観・達成感に共感する。

　足りないところを「欠点」として批判的に指摘してはいけません。そうしても劣等感を形成したり反撥を招いたりするだけです。できるようになろうという意欲を高めることはできません。信頼できない教師から、「欠点やできていない点」を「上から目線」で指摘されても、子どもたちは意欲的に動くことはありません。
　教師としての専門性は、その子どもにできるところから始めさせて、一歩一歩その先へと導いていくことです。教師は、それぞれの子どもが自分で動くことができるようにし、その動きの中から、それぞれの子どもの「よさ（持ち味）・成長（努力）・可能性（発展可能性）」を見つけるのです。それぞれの子どもに自分の「よさ（持ち味）・成長（努力）・可能性（発展可能性）」を自覚させ、自信を持たせ、さらに伸びていこうと励まして、行動を起こすように背中を押すのです。

③　子どもの「よさ」を伸ばすための「評価」

　教師は「一人調べ」の時間に、次のように個々の子どもに働きかけます。

　T「このこと、○○さんしか気づいていないよ。しっかり調べてみよう」
　T「このやり方をすれば、きっと意外なことまでわかると思うよ。しっかりとやってみよう」

すなわち、それぞれの子どもの「よさ（持ち味）・成長（努力）・可能性（発展可能性）」を見つけて、このように個別に励ますのです。また、その子どもなりの追究を価値あるものに深めるための方法を示唆して支援するのです。また教師は、その子どもなりの追究の「よさ・成長・可能性」が「振り返り」などに書かれていた場合、その子ども自身がそれを自覚できるようにフィード・バックしなければなりません。教師がその子どもの中に見つけた「よさ・持ち味・可能性」などについて、その子ども自身に自覚させることにより、その子どものそのような方向での成長が加速されるのです。

　教師は、子どもたちの「振り返り」から、それぞれの子どもの持つ「よさ（持ち味）・成長（努力）・可能性（発展可能性）」を読み取り、「その後」の学習活動でさらに伸ばす手立てを考えなければなりません。重要なことは、「その後」その子どもがにさらに伸びることなのです。教師の「評価」観をこのように転換することが必要なのです。つまり、「評価」の目的は、行われたことに対する診断、特に「欠点やできていないこと」を明らかにすることではありません。その子どもの成長していく方向、すなわち、「よさ（持ち味）・成長（努力）・可能性（発展可能性）」を明確にし、その実現のための手立てを見定めることなのです。

　「深い」学びとは、学習活動が「その後」のその子どもの生活の仕方に活かされることです。学んだことの価値は、「その後」の生活の仕方に実現されるのです。

Ⅲ　学習活動を構想・実践する　　105

Ⅳ 教師としての「学び」と「成長」

「学ぶ」とは、「世界」と豊かに結びつき、「世界」に参加して、「世界」と互恵的に相互作用しつつ生きる生き方へと向かうことです。

そのためには、教師自身にも、一人の人間として、「世界」と豊かに結びつき、「世界」に参加して、「世界」と互恵的に相互作用しつつ生きているか、また、生きようとしているかが問われます。

問題解決学習の指導・支援では、教師は、子どもたちの学習活動を、複線的に、二段構え・三段構えで構想しなければなりません。その実践には、トラブルやハプニングが待ち構えています。そのような場合に、教師は、その都度、それらが子どもたちに価値ある経験として転換されるように対応しなければなりません。

問題解決学習を実践するうえで、教師には、自分の実践活動の「先」の成果を信じることが必要とされるのです。自分の実践に自己信頼に基づく勇気と希望とを持って取り組むことが求められるのです。

「先に進むことのできる教師」は、「世界」との豊かな互恵的な相互作用に信頼をもっています。子どもについても信頼している教師なのです。

逆にいえば、自分の実践に自信を持てない教師は、子どもたちについても自信をもつことはできません。教科書や世間体など、自分の外部の権威に頼り、それを背景にして、子どもたちに君臨して支配・拘束しようとします。それでは子どもたちは育ちません。そのような教師自身にも人間的な成長は望めません。

問題解決学習を構想・実践することは、教師が自らを人間的に成長させようとする精神的な修業なのです。子どもたちに対する教師の責任とは、教師が人間として成長を遂げるべく努力し続けることなのです。

1 研究授業の分析と検討

§1 研究授業の目的と意義

① 子どもの「資質・能力」を育てるための授業研究

　授業研究の目的は、一般的には、ⅰ使用した教材や提示した資料などの有効性、ⅱ行わせた活動方法やその場の構成の工夫、ⅲ教師の発問や指示、発言の整理など授業の展開の適切性—などについて検証することです。

　しかし、それらに関しては、その学習活動が子どもたちの「主体的・対話的で深い学び」となり得たかという観点から検証されなければなりません。つまり、子どもの視点から、実施された学習活動の価値が問われなければなりません。

　子どもたちが教科内容について、「いい発言」をしていたとしても、「できる子どもたち」だけが、教師の言わせたい「正答」を推測して発言していたならば、「主体的・対話的で深い学び」が遂げられたとはいえません。研究授業で「見栄え」を求めた場合、あるいは、誰からも文句の出ないような「予防線」だらけの授業が行われた場合、子どもたちが教師に「お付き合い」をしただけの授業にすぎなくなります。そのような研究授業では、子どもたちの「資質・能力」は育ちません。

　子どもたちの「資質・能力」が育つような授業を研究的にめざす場合、次のような視点から行うことが必要です。

① 子どもが「全力で動いて自分を表現できる」こと

　子どもたちが「全力で動いて自分を表現することができ、全力で友だちとかかわり合うことができる」学習活動をめざすことです。そのような学習活動となるように、教材や資料、活動やそのための場、発問や展開などを計画するのです。

　そして、行われた授業について、「全力で動いて自分を表現することができ、全力で友だちとかかわり合うことができた」学習活動であったか、その

ために教材や資料、活動やそのための場、発問や展開などは適切であったか
——という観点から検討するのです。教材や資料、活動やそのための場、発問
や展開などの価値は、子どもたちが「全力で動いて自分を表現することができ、全力で友だちとかかわり合うことができる」学習活動でなければ活かされません。子どもたちが「全力で動いて自分を表現することができ、全力で友だちとかかわり合うことができる」学習活動を教師が構想・実践することにより、子どもたちは自分たちで教材の価値を探り出し、また活動の特性を活かすことかできるのです。

　子どもたちが自分たちで動ける授業でなければ、子どもたちは「主体的」に学ぶことはできません。また、友だちとかかわり合える授業でなければ、子どもたちは「対話的」に学ぶことはできません。そして、そのように子どもたちが自分なりに動き、友だちとかかわるのでなければ、それぞれの子どもが何をどのように学んでいるのかを見ることはできません。また、その学びが「その後」の生活の仕方として発展していく可能性についても見定めることはできません。子どもたちは「深く」学ぶことはできません。

② 「個の学びを構想して追う」

　それぞれの子どもの個性的な学びを構想して、それぞれの子どもの中でそれがどのように遂げられていくかを、それぞれの子どもに働きかけつつ観察します。

　「学び」は、一人一人の子どもの中で個性的に遂げられます。「深い」学びとは、それぞれの子どもの生活の仕方の再構築です。つまり、それぞれの子どもの生きる個性的な意味世界の発展なのです。

　この点で、子どもたちを「マス」として扱っては何も見えてきません。

　ですから、教師は、研究的に授業に取り組む場合、「Aさんにとって……」「Bさんにとって……」というように、個々の子どもの視点に立たなければなりません。そして、「この子ども」にとってこの授業はどのような価値があるだろうか、つまり、「この子ども」の生きる意味世界をどのように発展的に展開させることが可能なのかを想像するのです。そして、そのような想像に基づいて学習活動を構想します。

研究的な実践の後には、ⅰその子どもに予想したような価値は実現されたか、ⅱ学習活動を通じて、その子どもの意味世界が実際にどのように展開されたか─について、検証的に分析するのです。

　授業研究とは、教師のそのような子ども理解の能力、すなわち、必要に応じて特定の子どもの視点に立ち、「その子どもには、この学習活動がどのような意味世界の展開として遂げられているのか」を、モニター的に洞察する能力を高めるために行われるのです。そのような専門的な子ども理解力を基盤として、それぞれの子どもに必要な場面で適切に対応する能力が形成されます。すなわち、その子どもの意味世界がさらに豊かに発展していくための支援の手立てを考案することができるようになるのです。そのようにして、「子どもを捉える」能力が高められるのです。

② 「子どもを捉える」という専門性を高めのための研究方法

　「子どもを捉える力」は、ⅰ特定の子どもの学びを予想して学習活動を構想し、ⅱ子どもの事実に基づいてその子どもの学習活動を分析・検討する─という授業研究を積み重ねて形成されます。一人の子どもの個性的な学びの過程に即して、その子どもに遂げられていく学びを理解しようと努力することによるのです。

　つまり、第一に、教師が注目したい子どもに即して、その子どもの学習活動での意識の流れを想像して、研究授業の学習活動を構想するのです。例えば、「この教材と出会い、Ａさんはどのようなことを言うだろうか？」「Ａさんは、Ｂさんの（予想される）考えを聞いて、どのような問いを持つだろうか？」「Ａさんの問いを深め、Ａさんなりの追究を深めさせるためには、どのような事実に眼を向けるように、どのように示唆するとよいだろうか？」─というように想像してみるのです。そのうえで、その単元や時間の学習活動の展開を計画するのです。

　第二に、研究授業の後には、その時間に表現されたＡさんの発言、行動の仕方、友だちとのかかわり、作文などを手がかりに、Ａさんがどのように学んだか、つまりＡさんの固有の意味世界がどのように展開したかについて、

Ⅳ　教師としての「学び」と「成長」　　109

Aさんの思考に入り込んで洞察してみるのです。そのようにして、Aさんにとって「主体的・対話的で深い学び」はどのように遂げられたか、そして、どのような「資質・能力」をどのように身につけたかを想像するのです。

「想像する」というと、客観性に欠けるように感じるかもしれません。

もちろん、子どもの意識や心は、基本的には完全に理解できるものではありません。だからこそ、その子どもの意識や心が素直に表現されるような学習活動を設定し、その子どもの表現を追い、それを多面的・多角的に考察して、その子どもの生きる意味世界を洞察するしか方法はないのです。「この子ども」についてわかるためには、深く誠実な洞察に基づいて、共感的に想像するしかないのです。

「子どもを主語とした授業」を志向するのであれば、子どもの視点に立った授業研究がなされなければなりません。教師の指導方法について「教師を主語とした授業」を計画し、「教えることができたか」について検証するという授業研究からは、「主体的・対話的で深い学び」を構想・実践するための教師の専門性を高めることはできません。当然、子どもたちの「資質・能力」を育成することにも限界があります。

§2　授業観察の視点と方法

1　観察の視点と方法の転換

子どもたちの「主体的・対話的で深い学び」をめざす授業研究は、「子どもたちが全力で動いて自分を表現し、全力で友だちとかかわり合う」という問題解決学習として構想・実践されます。したがって、授業者の教師は、子どもたちそれぞれの個性的な活動の姿が最も具体的に示されるように研究授業を、計画します。ですから、研究授業では、参観する教師たちは、子どもたちが、それぞれどのように学んでいるかを観察・記録するのです。

参観者は、教室の後方の黒板と対面する位置から、教師の行っていることを監視するのではありません。子どもたちの発言、行動の仕方、友だちとのかかわり、作文など、子どもたちの表現に注目して観察・記録するのです。

研究授業において、参観者はそれぞれの子どもの表現について、どのようにして観察・記録するとよいのでしょうか。

② 観察対象児を決める

　授業者は、研究授業で観察してほしい数人の子どもを指定します。

　つまり、授業者は、その単元における学習活動を通じて、その子どもなりの個性的な学びを成立させたい子どもなど、その子どもの学びについて理解を試みたい子どもを数人（１〜３人くらい）設定するのです。

　そして、例えば、低学年の教師たちはＡさん、中学年の教師たちはＢさん、高学年の教師たちはＣさんというように（あるいは、１組の教師たちはＡさん、２組の教師たちはＢさんというように）分担を決めます。そして、それぞれの担当の教師たちが、Ａさん、Ｂさん、Ｃさんの周りをそれとなく取り巻きます。学習活動が行われている間、教師たちはそれぞれが分担している子どもの意識を洞察しつつ、その子どもの表現を観察・記録します。もちろん個々の教師は、分担している子ども以外でも、「これは！」と感じた表現を見つけた場合には、それを記録します。

③ メタ記録を取る係を決める

　観察者の中から、それぞれの子どもについて、その授業時間のメタ記録を取る係を決めます。そして、用紙を縦に使用し、右側の縦軸に時間経過を示します。そして縦割りに二つの記入欄を設定し、左側の欄を「教師の全体への、あるいはその子どもへの働きかけ、行われている活動」を記入します。右欄にはその子どもの行っている活動を、そのときの様子が具体的に想像できるような言葉で記入します。

　発言は、その子どもの使用した言葉で記録します。一般性の高い言葉に書き換えてはいけません。その子どもがその言葉を口にするには、それ相当の理由があるからです。言い換えてしまうと、その背後にある理由を推測することができなくなります。また、その子どもの行動についても、具体的・現象的な表現で記録しなければなりません。抽象的な表現では、後に話し合う

ときに、教師たちがその行動の具体的な姿を想像できないからです。

　記録の係は若い教師が分担するとよいでしょう。若い教師が分担することにより、その教師には、子どもの表現についてその子どもに即して理解を試みることの大切さを学ぶ機会となります。他の教師たちは、その子どもの意識を探り、そこに寄り添いながら、その子どもの意識の中で展開されている学びについて洞察しつつ、その子どもの表現を観察・記録します。

④ 「よさ・成長・可能性」が示されている言動を発見する

　その子どもの「よさ・成長・可能性」が示されているような言動を記録します。研究授業の目的は、子どもたちそれぞれに「深い」学びを成立させるための支援の手がかりを得ることです。その子どもの生きる意味世界をより豊かなものに発展させ、生活の仕方の再構築を遂げさせることです。子どもに生きることへの意欲を高め、自信を深めることにあります。研究授業では、そこにつながっていく可能性を発見するのです。

　この点で研究授業は、その学校が「研究をやっていますという証拠づくり」のために行われるのではありません。学校の研究は、教師の専門性を高め、子どもたちの前向きな生活の構えを構築することに成果が示されなければなりません。子どもたちが自らの生活の仕方をより豊かなものへと再構築していくための意欲と自信を形成するためには、それぞれの子どもの「よさ・成長・可能性」に訴えなければなりません。よい点を見つけてそれを発揮させ、そのようにして成長に勢いをつけるのです。

　子どもの成長を促す支援は、その子どもの「よさ・成長・可能性」を見つけてそこに働きかけることから開始されます。子どものそのような成長の論理に立脚し、それに即して子どもの成長を指導・支援して具現できる点に、教師の専門的な力量が示されます。

事例17　私が大人になったら

　ある年度の全国小学校社会科研究協議会の公開授業のことでした。４年生で地域の災害と防災についての学習です。市の整備した防災無線システ

ムと町内会の役割が教材となり、子どもたちは実際に地域をフィールドワークしたり、市の担当者や町内会長さんから話を聞いたりして学習活動を進めてきました。

　公開授業が終わろうとしたときです。一人の女児が次のように発言しました。

　　「いくら市が防災無線を整備しても、最終的には地域の人たちのコミュニケーションが日頃からしっかりとしていないとダメだ。うちのお母さんはよくどこどこの奥さんは意地が悪いから嫌いだとか言っているけど、それではイザというときにコミュニケーションがうまくいかない。だから、私が大人になったら、そんなことがないように、地域の人みんなと普段から仲好くしていたい」

それを聞いて、一人の男児は次のように発言しました。

　　「ぼくは、たとえ相手の人が挨拶してくれなくても、マンションの人にあったら自分から挨拶するようにしたい」

授業者の教師は、驚いたような当惑した表情で、授業を終了しました。

　まさに学習したことが、子どもたちの具体的な生活の仕方の形成へと発展していると評価することができます。このような自分の言葉で具体的に語っていることに、学習活動が「学びを人生や社会に活かそうとする学びに向かう力・人間性の涵養」という、「資質・能力」が育成されたことの証が示されています。「何ができるようになるか」という「資質・能力」について適切に評価するためには、このような発言に教師は価値を見出さなければなりません。

　このような発言が子どもたちから出されたことを、教師は子どもたちの「学び」の深さとして自信を持っていいのです。

Ⅳ　教師としての「学び」と「成長」　　113

§3 協議会の持ち方

1 専門家集団としてふさわしい協議会

協議会は、ワークショップ形式で進めることが望ましいでしょう。

授業者が言い訳がましい自評を述べ、当たり障りのない質問が出され、拍手で終わるような協議会では、相互に学べることはほとんどありません。

大切なことは、全員が自分の考えたことを口に出して言うということです。口に出して言うということで、その後に自分の在り方や行動に責任が発生します。ですから、協議会の場で自分の考えを実際に言葉として口に出して言うことは、その後の自分の在り方について他者に約束することでもあるのです。有言実行によって人は成長するのです。何も言わないことは、自分の専門性の成長に対する意欲が低いことの表明です。協議会は、参加者がそれぞれに自分の考えを曝し合い、自分の考えを練り直して、自分の教師としての新たな在り方を求めていく機会なのです。そのようにして相互の専門性を高め合っていくことが、専門家集団としての在り方なのです。

2 協議会の進め方

協議会の前半は、観察対象児ごとに分かれてグループで協議をもちます。そして、それぞれの教師が、その子どもの「よさ・成長・可能性」の表れとして発見した表現を出し合います。そのときにメタ記録を参照して、どのような場面のどのような状況で出された表現なのかを確認し合います。そのようにして、その表現のその子どもの学びにとっての意味について考え合います。

小グループ内では、若い教師から順番に「発見」を述べます。若い教師の発表を受けて、中堅・ベテランの教師たちが、若い教師の所見に肯定的・発展的なアドバイスをするという形式で進めます。中堅やベテランの教師は、若い教師の所見を聞いて、その発展可能な方向を示すことが必要です。そこに中堅やベテランの教師の実力が示されます。それぞれの教師は、各自の

「子どもについての発見」を大きめの付箋紙に具体的に記入します。それについての「解釈」を別の色の付箋紙に記入します。それらの付箋紙をペアで、大判紙に時系列に沿って貼り出すとよいでしょう。協議会の時間の半分から3分の2程度はグループでの話し合いに使います。

後半は、各グループで話し合われたことを全体に報告します。そして、全体で特に話し合いたい論点について意見交換します。そのようにして観察対象とされた子どもについて、今後、どのような成長の方向性が見えてきたか、また、その成長を実現していくために、どのような指導・支援が必要かについて考え合います。

最後に、授業者は、研究授業と協議会を通じて、今後どのように子どもたちの学習活動を構想し・実践していくかについての見通しを語ります。

したがって、拍手して「終わる」のではありません。「そこから次を開始する」のです。その子どもの成長を実現するために、「その後」にどのような指導・支援を行うかについて見通しをもち、実行し始めるのです。拍手はスタートの号砲です。授業研究を行うとは、「その先についての見通し」を得て、「そこに向けての指導・支援を開始する」ことなのです。教育とは、「その先の子どもの成長」を実現するために、「子どもを捉えて働きかけていく」活動なのです。研究はそこに向けて行われるのです。

§4　研究授業を通じての教師たちの成長

① 研究授業に対する授業者の責任

研究授業の構想は、多くの場合、同学年やブロックの教師の協力の下で行われます。もちろんこのことは大切です。しかし、最終的には、授業者自身の決断で学習活動案を完成させて、授業者の責任で学習活動を指導・支援しなければなりません。

子どもたちの「主体的・対話的で深い学び」は、学級ごとに個性的に展開され、それぞれの子どもの中に個性的に成立します。それぞれの学級の子どもたちの個性的な学びを生み出し得る学習活動は、授業者自身が構想しなけ

IV　教師としての「学び」と「成長」　　115

ればなりません。

どの学級にも共通するような学習活動案はあり得ないのです。

学年やブロックで協議するうちに、どの学級で行われる学習活動なのかわからないようなものになってしまってはいけません。一緒に考える教師たちは、「この授業者の学級のこの子どもたち」が「全力で動いて自分を表現でき、全力で友だちとかかわり合える」ような学習活動案づくりを助けなければなりません。その授業者とその学級の子どもたちに即して、一緒に考えて助けてあげるのでなければなりません。

授業者には、みんなに助けてもらいながらも、最終的には自分の決断と責任で子どもたちの学びを生み出していくのです。

② 校内研究を通じての「同僚性」の形成と「チーム学校」の構築

授業後の協議会を通じて、「同僚の教師たちに、自分の学級の子どもたちについて温かく見てもらえた」という感覚が、授業者に生まれることが大切です。同僚の教師たちに様々な視点から見てもらうことにより、ある子どものそれまで気づかなかった「よさ・成長・可能性」に気づかされたり、自分が自信を持てなかったことに自信を持たせてもらったりしたなどの感覚です。校内の教師たちに「助けてもらえた」と実感することにより、教師としての意欲が高まり自信が深まるのです。

つまり、研究授業を通じて、学校の教員相互の信頼感を形成していくことができるのです。他の教師たちに助けてもらえたと感じることにより、授業者は子どもたちとの関係をより豊かなものに深めることができるのです。そのようにして校内研究を、教師たちが子どものことについて日常的に何気ない場面で語り合い考え合える関係を構築することにつなげるのです。

問題解決学習の授業研究を通じて、そのような教師間のコミュニケーティヴで支援的な関係性、すなわち「同僚性」を形成することができます。このことが「チーム学校」の一側面となります。そのような関係性が構築されていると、問題が発生したときにも、初期の段階で迅速かつ適切に対応できます。子どもについて気軽に語り合える関係が構築されていないと、教師は相

互に「負担をかけたくない」「自分の能力が低いと思われる」など、疑心暗鬼になり対応に遅れがちになります。

　問題解決学習で子どもたちの学習活動を構想・実践することには、様々な不確実・不確定な要素・要因が存在します。ですから、問題解決学習で研究授業を行うことは、多くの教師にとって面倒臭く、また不安感があります。しかし、だからこそ複数の眼で子どもを見取ることや考え合って助け合うことが必要なのです。教師たちが教師たちの協働を経験できる研究テーマなのです。つまり、教員たちの「主体的・対話的で深い学び」を生み出すことかできるのです。

　このようにして、校内研究への取り組みと学校の教員間の「同僚性」の形成を統一的に実施することができるのです。両者は別物ではなく、同一の過程において統一的に遂げられるのです。

事例18　安心して自分と学級を開く

　新人教師の学級は、多くの場合「荒れる」と言われます。子どもへの対応や指導技術が未熟だからです。それは仕方ないことです。

　重要なことは、新人教師が周囲の教師に自分からアドバイスを求めたり、様々な方法を学んで試してみたりなど、落ち込むことなく前向きに取り組むことができる環境を整えることです。

　しかし、生真面目な新人教師は、困ったことが発生した場合、周囲の教師たちから、自分の力がないと評価されるのではないか、あるいは迷惑をかけるのではないかと懼れて、学級を閉ざしてしまうことがあります。周りの教師たちが相談に乗ろうとしても、本人は「大丈夫です」と言って話そうとはしません。そのうち周囲の教師たちもかえって本人に学級の状況を尋ねたり、アドバイスしたりすることがしにくくなってしまいます。問題状況がそのまま放置されてしまいます。

　そのような若い教師がいました。

　校内研究の授業は、教室では小学2年の子どもたちの落ち着きのない様子を校内の教師たちに見られてしまうため、屋外で「体育」を行いまし

Ⅳ　教師としての「学び」と「成長」　　117

た。

　協議会では、参観した教師たちから、子どもたちの生き生きとした活動の姿が語られました。自分が「困った」と思っていたような子どもについても、一生懸命さや個性的な活動の様子、他の子どもとの協同的なかかわりなどが出されました。

　授業者の若い教師は、校内の教師たちが子どもたちを温かく見てくれていること、また、自分の学級を安心して開いてよいのだということを実感し、安心感から思わず泣き出してしまいました。

2　「『いい先生』って、どんな先生だったの？」

1　高校生徒との対話から

　近年、大学の教員が高校に出向いて、高校生たちに大学の模擬講義を行う機会が増えました。ある高校で教育学部志望の生徒たちに教育学の模擬講義を行った後、教育学部で学ぶことに関して質問を受けていました。

　一人の男子生徒から次のような質問が出されました。

　「総合的な学習がそのうちなくなってしまうと言われていますが、本当ですか？」

「総合的な学習の時間」が本格実施された直後でした。一方で、教科の時間数が「厳選」されると「学力低下」に歯止めがかからなくなると批判されていた時期です。

　私は、次のように問い返しました。

　「なくなることはないけど、君は受けた総合的な学習では、どのような活動をやったの？」

生徒は次のように答えました。

　「中学校のとき、総合的な学習では、いろいろと自分たちで調べたり、グループで聞きに行ったり、話し合って考えたりして発表しました。自分たちでやれてとても楽しかったし、ためになる活動でした」

118

正直なところ、ネガティブな反応が返されるのではないかと不安がありました。このような声を聞くことができ、安心とともに嬉しさを感じました。

　そして、私から、「総合的な学習の時間」を実施するうえで、教師たちが一般的に感じている煩わしさや不安について説明しました。例えば、教師は多くの細々とした準備をしなければならないこと、生徒が本当に生き生きと活動してくれるかについて不安があること、さらには「学力低下」を憂慮する声に負けないようにすることなどです。そして、そのような事情から、やる気のない教師にとっては、負担感から「やめてほしい」という声が出されているという現状を説明しました。

　しかし、教師にとって、生徒たちが生き生きと一生懸命に活動して、「とても楽しかったし、ためになる活動だった」と言ってもらうことに、かけがえのない充実と喜びを感じていることも伝えました。

② 「ぼくたちを信頼して自由にやらせてくれた」

　さらに、その生徒に次のように問いました。

　「君は、中学校のときの総合的な学習について、『とても楽しかったし、ためになる活動だった』と言ってくれたけど、それを指導してくれた先生について、どのような先生だったと感じている？」

　その生徒は、次のように応えました。

　「いい先生でした。ぼくたちを信頼して自由に活動に取り組ませてくれました。」

　もちろん「自由にやらせてもらえた」といっても、「放任」ではなかったはずです。単なる「放任」では、生徒たちに「ためになった」という思いは残されません。

　その教師は、「これをやりたい」という生徒たちの話を聞き、その取り組みの価値を明確にさせたり、それを実現する方法について考えさせたり、必要なことについて示唆を与えたりなど、適切な指導・支援を行っていたはずです。つまり、挑戦したいという生徒たちの意欲を高め、やり遂げたことを実感させて生徒たちの自信を深めるというように、生徒たちの意識の流れを

Ⅳ　教師としての「学び」と「成長」　　119

生み出すことを軸に指導・支援を行ったのでしょう。だから、生徒たちは
「押しつけ」とは感じなかったのでしょう。

③ 不安定・不確実性を引き受ける教師

　問題解決学習では、子どもたちを「世界」との豊かなつながりの中で互恵
的に生きる人間に育てることをめざします。

　しかし、問題解決学習の実践には、絶対確実な方法はありません。また、
絶対確実に成果が得られることは保障されていません。

　子どもたちの学習活動を「主体的・対話的で深い学び」として導く過程に
は、多種多様な不安定で不確実な要素・要因が存在しています。煩雑な条件
の設定や調整、ゼロにしきれないリスク、不愉快な外野の声などが存在しま
す。問題解決学習の実践に当たり、教師は条件の設定や調整、リスクの回
避、外野への説明などに、可能な限り誠実に当たらなければなりません。そ
れでも成功が完璧に保証されることはありません。

　つまり、「主体的・対話的で深い学び」を通じて子どもたちに「最適解」
を創り出させていく学習活動には、子どもたちを導いていく安定した道筋は
存在していません。教師は、子どもたちの出方や動きに応じて、その都度そ
の動きが充実した学びの過程となるように指導・支援しなければなりませ
ん。教師は、子どもたちの学習活動が進む変動的な過程を尊重し、そこでの
動きが活かされるように対応しなければならないのです。

　一方で、教師は常に次のような誘惑にもさらされています。

　教科書に書かれていることを子どもたちに覚えさせ、それをペーパーテス
トで再現できるようにさせれば、「教師は教えた」という「客観的証拠」と
なるという誘惑です。これに乗れば、子どもがテストで点数が取れなくて
も、責任を子どもの努力不足に押しつけることができます。教師は、「決め
られたことをきちんと教えた」という「アリバイ」の中に安住できます。リ
スクは免責されるのです。

　しかし、それでは、子どもたちが新しい課題に挑戦していく知的な「資
質・能力」は育ちません。子どもたちに対する誠実さに欠ける行為です。教

育者としての職責からの逃避であり責任放棄です。教師が勇気を持って授業実践に飛び込み奮闘しなければ、子どもたちに新しい時代を生きる「資質・能力」は育ちません。子どもたちは、新しいことに意欲的に挑戦する教師の生き方を見ています。

「教科書を終わらせなければならないから」「受験で必要な知識を教えなければならないから」「学校の外に出させるのは危険だから」など、「できない言い訳」はいくらでもあります。「できない言い訳」や「アリバイ工作」に汲々とする教師は、子どもたちから信頼されません。卒業とともに忘れ去られてしまいます。

問題解決学習を実践する教師は、不安定性と不確実性を自ら引き受け、勇気と希望をもって前に進んでいくことのできる人間です。そのような教師は、子どもたちの心に意欲の火を点すことができるのです。

④ 「可能性」を見つけて、「可能性」に働きかける

現実の世界には、多様な要素が存在し、相互に複雑につながっています。善悪が絡み合って混在しているのです。人間は、そのような複雑で不安定な世界から逃れることはできません。その中で自らの決断によって生きなければなりません。

問題解決学習を実践する教師に不可欠の資質は、「世界」を信頼できることです。「世界」に信頼感を持っている人間は、直面している状況の中から、善なる要素や有益な帰結を導く選択肢を見つけ出そうとします。つまり、問題の解決に至るための可能性を見つけ出し、そこに至る道筋を自ら歩もうとする人です。そのような人は、困難な問題に直面したときにも、その状況を自らの知的努力によって解決できると信じて行動を起こします。

それは単なる楽天とは異なります。そのような人は、行動を起こさなければ現状を変えることができないと感じています。現実世界の複雑な問題から逃げないという責任を引き受けているのです。問題解決学習を構想・実践することには、様々な予想しきれないトラブルやハプニングなどの不安定性や不確実性が伴います。堅固な計画を立ててそれに厳密に従って進めることは

Ⅳ　教師としての「学び」と「成長」　　121

できません。

　教師が自ら動かなければ、子どもたちを育てることはできないのです。

事例19　子どもの可能性を開いておく

　小学5年の「国語」で「動物の体と気候」（東京書籍）を教材として研究授業を行うことになりました。その単元構想案について検討していました。この教材文を使用した授業で、「何を理解しているか、何ができるか」「理解していること・できることをどう使うか」「どのように社会・世界とかかわり、よりよい人生を送るか」という「三つの柱」をどのように単元構想に組み込むのかが話題となりました。

　ある教師から、「教科書に書かれていることに基づいて、何か1種類、自分の調べたい動物を決めて、図鑑やインターネットなどを使用して、その動物の体と気候との関係について調べさせてはどうか」という案が出されました。すると別の教師が「動物園に行って、実際に観察してくる子どもが出るといいですね」と言いました。「飼育員さんや学芸員さんに話を聞いてきたなんていうことになると、すごいですね」という声が続いて出されました。

　実際にそこまで動く子どもが出るかは不明ですが、子どもにとっての「学び」を構想するならば、教師は子どもたちがそこまで動くことを想定しなければなりません。教師がそのように想定することは、そのような「学び」を教師が子どもたちに期待することです。子どもたちは教師のそのような展望や期待を敏感に感じます。だから、子どもは意欲的に自分の「学び」を広げていくのです。そして、そのように自らの「学び」を広げる子どもが出て、それに続く子どもたちも出てくるのです。

　しかし、教師がそのような展望と期待を持っているのでなければ、子どもたちは動くことはできず、子どもたちの「学び」の発展の可能性は実現されません。ある教材を使用してどのように単元を構想できるかは、教師自身が「学ぶ」ことについて、幅広く遠くまで及ぶ展望をもっていることにかかっているのです。

5 「成熟した大人」であること

　子どもたちは、教師から「楽しさ」「やさしさ」「頼りがい」を感じることを望んでいます。そのような大人からの庇護を実感することにより、「世界」を信頼し、「世界」の中で自分の存在に自信を持ちます。そして、「世界」との豊かな相互作用を通じて、「世界」に貢献できる存在へ成長していきます。子どもたちの自尊感情や自己有能感を育てるうえで、教師の存在と役割は重大です。

　教師は、具体的な行動や学習活動を通じて、教師に対する「楽しさ」「やさしさ」「頼りがい」を、子どもたちに実感させなければなりません。子どもたちがこのように実感できなければ、教師の思いや願いは伝わりません。行動を通じて願いや意図が相手に伝わるのでなければ、教育はなされないのです。

　結局は、教師の「一人の大人としての成熟」が問われるのです。

　教師も人間的な弱さを抱えた一人の人間です。それを受け入れることは大切です。しかし、子どもたちの前では、自信を持って「教師スイッチ」を入れましょう。大人としての成熟性を子どもたちに示しましょう。子どもたちを受け入れて、その生き方を支えましょう。

　次の点は「大人としての成熟性」を考える観点といえます。

ⅰ　自分自身の感情に自信を持っていること。そして、楽しいことを「楽しい」と、不正なことを「不正だ」と素直に感じること。

ⅱ　自分の長短を他者に対する優越感や劣等感なく素直に受け入れること。そして、他者を丸ごと受け止めること。

ⅲ　自分の中に揺るぎない「正しさ」についての信念を持っていること。それに基づいて他者を助けることができること。

　教師が、自分自身の存在に素直な肯定感をもち、「世界」を信頼し、「世界」との揺るぎないつながりの中で、豊かに互恵的に生きていることが大切

Ⅳ　教師としての「学び」と「成長」　　123

なのです。まず、素直に自分の存在を肯定し、「世界」を信頼し、心豊かに生きることをめざしましょう。楽しくて一生懸命になって、みんなでエネルギーを解放できる活動を準備しましょう。子どもたちに「一緒にやろうよ！」と温かく、力強く誘い込むことのできる教師でありましょう。

3　やってみよう

1　子ども観察の記録を積み重ねる― 子どもを常に捉え直す―

　教師は、子どもたちそれぞれの言動を、その子どものそれまでの言動から形成された枠組みに基づいて受け止めています。その枠組みに従って、「その子らしい」、「またか」、「おやっ？」、「これは！」などと感じ取ります。

　教師の力量形成のうえで重要なことは、子どもを捉える枠組みを豊かで柔軟なものに高めていくことです。

　そのためには、子どもを捉える枠組みが、その子どもに対する狭い固定観念になってはなりません。枠組みを柔軟に機能させて、常に枠組みを豊かなものに再構築していくことが求められます。教師の子どもに対するそのような柔軟で豊かな捉え方が、子どもたちそれぞれの個性的で豊かな成長を保証するのです。教師の捉え方が固定的であると、それぞれの子どもの成長を狭い範囲にとどめ、個性的な可能性の開花をつぶしてしまいます。

　子どもの記録を取ることの目的は、教師の子どもを捉える枠組みを柔軟に機能させ、豊かなものに再構築し続け、子どもたちそれぞれの個性的で豊かな成長を保証することにあります。

　毎日、1枚、教室の座席表を用意します。そして、その日の子どもたちの学習や生活の場面で、教師の意識に響いた子どもの言動を、座席表のその子どもの欄に記録します。

　その際、次の点に留意します。

　　i　記入する言動は、教師の意識に響いたものに限定する。だから、数は
　　　多くなくてもよい。1日の記入件数は、教室の児童数の2割以下にとど

める。

ii　担任当初は、その子どもらしい言動の記入でよい。しかし、しだいに教師の枠組みから外れる言動や気になる言動を記入するようにする。

iii　その子どもが実際に使用した言葉で、行動を現象的・具体的な表現で手短に記入する。一般化された表現、あるいは教師が解釈した表現で記入しない。

　このような観察された言動を記録します。しかし、その記録がそれぞれの子どもについての教師の固定観念を形成してしまっては逆効果です。そのため、数少なく、意外なものを、手短に、具体的に記入するのです。

　これにより、i 子どもたちのどのような言動に教師（自分）の意識が向けられる傾向かあるか自覚できます。ii それぞれの子どもについて、教師（自分）の枠組みから外れる言動にも意識が向けられます。iii 教師（自分）のその子どもについての独断的な捉え方を自覚することができます。

　座席表に記入された記述を、記録ノートに転載します。見開き 2 ページ分をそれぞれの子どもに割り振っておきます。日付と記述を記入します。

　しばらくすると、記載の多い子どもとそうでない子どもの差が生まれます。自分がどの子どもに眼が行きがちか明らかになります。そこから、なぜその子どもに眼が行きがちなのか考えることができます。教師自身が子どもについて、どのようなことを気にする傾向があるのかが明らかになります。また、自分の眼が届いていない子どもの存在も明らかになります。

　そして、時間のあるときにノートをながめながら、その子どもがどのような感情でどのようなことを願って生活を送っているのかを想像します。そのようにしてその子どもに可能な、個性的な成長の方向を解釈し、そのために必要な手立てについて考えます。

　また校内や研究会などで、信頼する先輩や仲間に見てもらい、それぞれの解釈を聞きます。自分とは異なった解釈を聞くことが大切です。他の教師に解釈してもらうために、記述する言葉は、その子どもの言動に即して具体的でなければならないのです。もちろん他の教師による解釈は、多くの可能性

IV　教師としての「学び」と「成長」　　125

の一つにすぎません。しかし、複数の観点から、複数の解釈を照らし合わせることにより、自分の気づかなかったその子どもの姿が見えてきます。その子どもについての自分の捉え方の枠組みが豊かなものに高められます。

　子どもの心についての解釈には、「正解」はないのです。完璧に読み取ることはできません。だから複数の解釈をすり合わせて洞察するしかないのです。繰り返しますが、子どもの言動の記録は、それぞれの子どもの個性的な成長を保証し支援するためにつけます。また、教師の子どもについての捉える枠組みを豊かなものに高めるためにつけるのです。

② 授業記録を起こす―子どもの声を聞き直す―

　子どもたちの話し合い活動をボイスレコーダーなどで録音し、それを再生して聞きながらメタ記録に書き起こしてみましょう。

　その際、録音を自分自身で聞いて書き起こすことが大切です。

　この作業は、将棋や囲碁などを、対局後に差し方を再現しながら振り返るような作業だといわれています。書き起こしながら、ⅰこの発言について自分の理解の仕方はこれでよかったのか、ⅱここで教師は出たほうがよかったのか／出るのを待つべきだったのか、ⅲ教師の指示や説明は適切だったか、多すぎないか、ⅳ教師は自分の意図する方向に引っ張りすぎていないか、ⅴ子どもたちは満足していただろうかなど、子どもの視点に立ってその学習活動の意義を検討します。

　このように振り返って自分の学習指導の在り方を検討することにより、子どもの発言を適切に活かすこと、タイミングよく出ることなど、授業者としての力量が高まるのです。この方法はそのための重要な修業なのです。

　子どもの発言を文字に起こすことにより、ある子どもが使用している言葉に注目することができます。ⅰ繰り返し使用されている言葉、ⅱ当該学年の子どもが一般的に使用しない言葉、ⅲ個性的な喩え、ⅳ子どもらしい言い回し、ⅳその学級に、あるいはある子どもに特徴的な出方―などに着目することができます。そこからその言葉の背後にある、その子どもの生活における感情や願い、学級の他の子どもたちとの間の仲間関係などを想像することが

できます。

　また、教師が言いすぎていないか、引っ張りすぎていないかなど、自らの出方や立ち位置について点検することかできます。

　学期に１回は授業記録を起こすという修業を積むとよいでしょう。そして、休み中の研修や研究会で、仲間の教師たちに読んでもらいます。授業の様子を撮影したＤＶＤと併用すると効果的です。

　この場合についても、他者の眼によって、先のような点について検討してもらうことが重要なのです。子どもたちの発言について、自分が見落としていた意味や自分の解釈とは異なった意味を示してもらうことにより、それぞれの子どもの学びが立体的な姿で見えてきます。そこに内在している多様な可能性が見えてきます。さらに、自分の立ち位置や出方に関して不適切性が指摘されることもあります。

　確かに、行った授業について、そこにおける不適切さや不十分性を帳消しにしてやり直すことはできません。しかし、そのようにして事後に気づいたことを、その後の単元や別の教科などの指導・支援で活かすことはできます。振り返って反省し、そこで明らかになったことを次に活かすことで教師の授業者としての力量が高められるのです。授業記録起こしの修業を着実に積み重ねることにより、子どもの発言の根底にあるものを敏感に感受して、それをその子どもの個性的な学びへと適切に活かせるようになります。

③　実践記録を執筆する―子どもたちの成長を物語にする―

　一年度に３回は、問題解決学習の単元を構想・実践・分析してみましょう。それぞれの学期での実践には、目的に関して重点の置き方が異なります。

　１学期の単元では、子どもたちそれぞれの個性、特徴、課題などを把握することに重点を置きます。そこで把握したことに基づいて、２学期の単元は、それぞれの子どもをさらに成長させていくことを目標として構想・実践します。３学期の単元では、子どもたちの成長を確認したり、不足と思える点を修正したりすることに重点を置きます。もちろん、それぞれの単元の前

Ⅳ　教師としての「学び」と「成長」　　127

後や単元の間には、予備・補足・確認などを目的として、つなぎとなるような小単元を設定します。

このように、子どもたちの成長を柱にして年間の指導計画を立てます。つまり、子どもたちのそれぞれの個性的な成長が、問題解決学習の一連の実践を通じて遂げられていくというようなストーリーを構想・実践するのです。

そして、年度末には1年間の学習指導・支援を振り返り、それを一つの実践物語としてまとめてみましょう。

授業を研究的に実践することは、当然ながら授業者としての力量の向上を目的とします。そのためには構想段階での子ども理解と教材研究を十分に行うことが不可欠です。そして、それを単元計画として綿密に具体化しなければなりません。授業で子どもが何に興味を示し、どのように動くかを予想し、それを活かすことのできるように単元の学習活動を設定しなければなりません。子どもにとって充実感・達成感が得られる学習活動を実践するうえで、子どもの意識の流れを具体的に想像し、それを最大限活かせるような学習指導案（学習活動案）を作成することは大切な修業です。

しかし、子どもの学習活動と同じで、教師も研究的な実践についてはそれを「深める」ために、振り返りによる反省が必要なのです。

例えば、先に述べたように、子どもたちの話し合い活動をメタ記録に起こしてみましょう。子どもの発言について、先に説明したその子どもの記録ノートの記載に照らしながら、この子どもがどのようなその子どもの生きる個性的な意味世界に基づいて、このように語ったのかを考えてみましょう。その子どもは今、どのような意味世界を生き、どのような成長を遂げつつあるのか、また、同僚に撮影してもらった学習活動における子どもの表情ややり方などの映像から、その子どもの中にどのような個性的な学びが遂げられているのかなどを考えてみましょう。

教師自身が読み取った、それぞれの子どもに遂げられた学びと成長を物語るのです。教師自身の振り返りとしての実践記録は、客観性や一般性を重視する論文とは異なります。つまり、その教師の眼から見た、その教師によって捉えられた子どもの具体的な言動（事実）について、その教師自身の言葉

によって語るのです。また、論文のように論理的に一貫するように、つまり「きれいに」まとめる必要はありません。トラブルやハプニング、力不足での失敗、予想外の成果についての喜びなども具体的に盛り込むことができます。きわめて主観的なものでよいのです。主観的で具体的なものだからこそ、自分自身にも、それを読んだ他者にも役立つのです。

なぜならば、主観的な物語には、語った人自身の力量の限界や偏りが示されます。だから、同僚や仲間に読んで検討してもらい、それらを指摘されることが重要なのです。自らの偏りを自覚して修正できます。読んで検討した人も、指摘された偏りを鏡に、自分の偏りについて考え直すことができます。教育実践において、子どもがどのように個性的に生き、どのように個性的に成長しているかは、その教師の個性的な生き方によってしか捉えることはできません。それを確かなものに修正していくことは、教師自身の反省的な実践を通じてしかできません。ですから、複数の教師の主観を突き合わせ、擦り合わせて、その子どもを多面的・多角的に考え合うことが大切なのです。そのような事例研究が授業者としての成長を保証するのです。

教師は、自らの個性的で主観的な生き方を他者に開くことができなければなりません。限界や偏りについて、他者の指摘を自己の成長の糧として得ようとしなければなりません。そのように自らを成長させようと学び続けるのでなければなりません。

そして、学年末には、年間の子どもたちの成長物語としてストーリー化した実践記録にまとめてみましょう。このように振り返って物語としてまとめることにより、次の年度の新たな物語づくりをより豊かに構想することができます。ひとまとまりの実践を振り返って反省することにより、次のひとまとまりの実践をより豊かに構想し、より充実したものとして遂げることができるようになるのです。

年度ごとに実践記録を積み重ねることにより、教師としての成長を自覚的に積み重ねることができます。やがて教員生活を振り返る時期が来たとき、登っている途中の山の中腹、あるいは征覇した山頂から景色を眺めるような、自分の人生の充実と自信を得ることができるでしょう。

IV　教師としての「学び」と「成長」　　129

自らの実践記録を書くうえで、先人が残した優れた実践記録は参考になります。それらを読むことを勧めます。それらを読み、先人が、ⅰどのような材を、どのように温めて教材化したか、ⅱ子どもたちのどのような言動に注目し、それをどのような意味で捉えてどのように活かしたか、ⅲ失敗・トラブル・困難をどのように乗り越えたか、ⅳ同僚・保護者・地域の人たちとどのように協働したか、ⅴ子どもたちの成長をどのように実感し、また、その可能性にどのように眼を開かされたか—などを読み取るのです。教師としての生き方の教訓や励ましを多く得られるはずです。

おわりに

　アクティブ・ラーニングの導入をテーマとしたシンポジウムでのことでした。

　フロアーから、「意欲が乏しく消極的な子どもには、アクティブ・ラーニングの授業では苦しさを感じるのではないか」という質問が出されました。

　それに続く議論では、「その子どもは学ぶことの楽しさを知らないのではないか」「そのような授業の経験がないのではないか」「そのままでは将来、大きな不利益を被るのではないか」などの意見が、シンポジストやフロアーから出されました。

　確かに、アクティブ・ラーニングが、意欲的で積極的な子どもたちだけが活躍し、そのような子どもたちに独占される学習活動となってはいけません。

　「チームで課題の達成に取り組む活動」とは、多様な個性的な能力を引き出し合い、それらを活かし合って課題の達成に取り組む協働です。したがって、素晴らしい個性的な能力を持ちながらも参加に対して消極的な子どもがいる場合、そのような子どもを励まして参加を支え、チームへの貢献を引き出す支援者が必要です。そのような支援的なコーディネートする能力の育成も、「チームで課題の達成に取り組む活動」の目標の一つです。この点で「意欲が乏しく消極的な子ども」が置き去りにされるような学習活動であっては、「対話的」な学びとは言えません。チームの仲間をすべて平等に、かつそれぞれの個性が活かされるように対話に巻き込むことのできるという意味で、いわゆる「コミュニケーション能力の高い子ども」を活躍させるのです。子どもは友だちに働きかけられることによって動くことができます。そのような戦略と手立てが教師には求められるのです。

　逆に、従来の授業では、「大人しく座って話を聞き、言われたことを素直に覚える」ことが苦手な子どもは、苦しさを感じていたのです。学ぶことに楽しさと喜びを感じることができる授業を実践し、そこに子どもたちを巻き

込んでいくのです。「意欲が乏しく消極的な子ども」も、安心して一歩を踏み出すことができるように学習活動を設定するのです。

子どもたちは「楽しくて一生懸命になる活動」に取り組んでいるとき、自分に対しても、友だちに対しても温かい態度を示すことができます。そのような仲間関係を通じて子どもたちは育つのです。そのような仲間関係を構築して機能させることが教師の役割です。そこにこそ教師の専門的な力量が示されます。授業をそのための機会として実践するのです。

しかし、根本的な問題は、授業を実践する教師自身が楽しさと喜びを実感したような学習活動を経験したことがあるかにあります。教師自身が、「やらされる・つまらない・我慢させられる」という授業しか経験していないのなら、また、そのような授業に適応して、教師自身が授業についてそのような観念を持ってしまっているのであれば、同様の授業を子どもたちに押しつけてしまいがちです。

ですから、まず教師自身が、授業の構想・実践・分析の楽しさと喜びを実感することから始めなければなりません。教師が、子どもたちが楽しさと喜びを実感している授業を、自分が自ら生み出すことに楽しさと喜びを実感する経験が必要です。校内研究を、教師たちがそのような楽しさと喜びを実感し合い、共有できる場としなければなりません。

それぞれの教師がそれぞれなりに子どもを捉え、自分の捉えたその子どもの「よさ・成長・課題」について自分の言葉で出し合うという、「子どもを中心に据え、子どもについて語り合う」という研究授業を実施しましょう。研究授業を行った教師が、同僚の教師たちに自分の学級の子どもたちの「よさ・成長・可能性」をしっかりと捉えてもらえた、そして、それぞれの子どもの「その先の成長」について一緒に考えてもらえたと実感することのできる校内研究を推進しましょう。そのようにして、教師自身も、授業実践を通じて「仲間の中で成長していく自分」を発見することができるのです。そうであれば、子どもたちに楽しさと喜びを実感できる授業実践をしようという意欲が湧いてきます。また、教師たちの間に、そのような実践を支え合う仲間の教師に対する信頼感が形成されます。

132

「主体的・対話的で深い学び」は小手先の方法では実践できません。また、小手先の方法では、「新しい時代に必要となる資質・能力」を子どもたちに育成することはできません。教師自身の生き方が問われるのです。教師自身に学ぶことの楽しさと喜びを実感する経験が必要なのです。学ぶとは、「やらされる・つまらない・我慢させられる」ものではないのです。

学ぶとは「自分からやる・楽しい・自由に行う」活動なのです。このことを自らの生き方としている教師には、子どもたちが楽しさと喜びを実感できる授業を構想・実践することは、自分自身にとって楽しさと喜びを実感して生きることなのです。

2018年4月

藤井　千春

［著者紹介］

藤井千春（ふじい　ちはる）

早稲田大学教育・総合科学学術院教授。博士（教育学）。
1958年生まれ。千葉県市川市出身。
同志社大学文学部卒業、筑波大学大学院博士課程教育学研究科修了。大阪府立大学総合科学部助手、京都女子大学文学部専任講師、茨城大学教育学部助教授を歴任。
『平成21年高等学校学習指導要領解説総合的な学習の時間編』、『平成30年同総合的な探究の時間編』作成協力者、スーパー・グローバル・ハイスクール企画評価委員
専門は教育哲学・教育思想史（ジョン・デューイの哲学と教育学を研究）。
著書　『問題解決学習のストラテジー』『問題解決学習で「生きる力」を育てる』『子どもの求めに立つ総合学習の構想』『総合学習で育てる学力ストラテジー』『子ども学入門』『問題解決学習の授業原理』『アクティブ・ラーニング授業実践の原理』『問題解決学習で育む「資質・能力」』（以上、明治図書）、『校長の哲学』（学事出版）、『ジョン・デューイの経験主義哲学における思考論』（早稲田大学出版部）、『時代背景から読み解く西洋教育思想』（ミネルヴァ書房）、翻訳『社会科教育カリキュラム』（W．パーカー著、ルック）、『ジョン・デューイ―現代を問い直す―』（R．ボイスヴァート著、晃洋書房）

主体的・対話的で深い学び
問題解決学習入門

2018年7月1日　初版発行
2022年8月25日　第2版発行

著　者　　藤井千春
発行者　　小島直人
発行所　　株式会社 学芸みらい社
　　　　　〒162-0833 東京都新宿区箪笥町31番 箪笥町SKビル3F
　　　　　電話番号 03-5227-1266
　　　　　https://www.gakugeimirai.jp/
　　　　　e-mail : info@gakugeimirai.jp
印刷所・製本所　　藤原印刷株式会社
企　画　　樋口雅子
装丁デザイン　　小沼孝至

落丁・乱丁本は弊社宛てにお送りください。送料弊社負担でお取り替えいたします。
©Tiharu Fujie 2018 Printed in Japan
ISBN978-4-908637-74-2 C3037

学芸みらい社　既刊のご案内　〈教科・学校・学級シリーズ〉

※価格はすべて本体価格（税別）です。

書　名	著者・編者・監修者ほか	価　格
学級づくり／学力づくり		
中学校を「荒れ」から立て直す！	長谷川博之	2,000円
生徒に『私はできる！』と思わせる超・積極的指導法	長谷川博之	2,000円
中学の学級開き──黄金のスタートを切る３日間の準備ネタ	長谷川博之	2,000円
"黄金の１週間" でつくる学級システム化小辞典	甲本卓司	2,000円
若手教師のための主任マニュアル	渡辺喜男・TOSS横浜	2,000円
小学校発ふるさと再生プロジェクト──子ども観光大使の育て方	松崎　力	1,800円
アクティブな授業をつくる新しい知的生産技術	太田政男・向山洋一・谷　和樹	2,000円
教師修業──フレッシュ先生のための「はじめて事典」	向山洋一・木村重夫	2,000円
まんがで知る授業の法則	向山洋一・前田康裕	1,800円
めっちゃ楽しい校内研修──模擬授業で手に入る "黄金の指導力"	谷　和樹・岩切洋一・やばた教育研究会	2,000円
みるみる子どもが変化する『プロ教師が使いこなす指導技術』	谷　和樹	2,000円
教員採用試験パーフェクトガイド「合格への道」	岸上隆文・三浦一心	1,800円
教員採用試験パーフェクトガイド 面接編 DVD付	岸上隆文・三浦一心	2,200円
そこが知りたい！"若い教師の悩み" 向山が答えるQA集１──授業づくり "よくある失敗" 175例〜勉強好きにする改善ヒント〜	星野裕二・向山洋一	2,000円
そこが知りたい！"若い教師の悩み" 向山が答えるQA集２──学級づくり "よくある失敗" 113例〜勉強好きにする改善ヒント〜	星野裕二・向山洋一	2,100円
特別支援教育		
ドクターと教室をつなぐ医教連携の効果　第１巻──医師と教師が発達障害の子どもたちを変化させた	宮尾益知・向山洋一・谷　和樹	2,000円
ドクターと教室をつなぐ医教連携の効果　第２巻──医師と教師が発達障害の子どもたちを変化させた	宮尾益知・向山洋一・谷　和樹	2,000円
ドクターと教室をつなぐ医教連携の効果　第３巻──発達障害の子どもたちを支える医教連携の「チーム学校」　「症例別」実践指導	宮尾益知・向山洋一・谷　和樹	2,000円
トラブルをドラマに変えてゆく教師の仕事術──発達障がいの子がいるから素晴らしいクラスができる！	小野隆行	2,000円
トラブルをドラマに変えてゆく教師の仕事術──特別支援教育が変わるもう一歩の詰め	小野隆行	2,000円
トラブルをドラマに変えてゆく教師の仕事術──喧嘩・荒れ とっておきの学級トラブル対処法	小野隆行	2,000円
トラブルをドラマに変えてゆく教師の仕事術──新指導要領に対応した特別支援教育で学校が変わる！	小野隆行	2,000円
特別支援の必要な子に役立つかんたん教材づくり㉙	武井　恒	2,300円
国語		
国語有名物語教材の教材研究と研究授業の組み立て方〔低・中学年/詩文編〕	向山洋一・平松孝治郎	2,000円
国語有名物語教材の教材研究と研究授業の組み立て方	向山洋一・平松孝治郎	2,000円
国語テストの "答え方" 指導──基本パターン学習で成績UP	遠藤真理子・向山洋一	2,000円
子どもが論理的に考える！──「楽しい国語」授業の法則	向山洋一	2,000円
先生も生徒も驚く日本の「伝統・文化」再発見	松藤　司	2,000円
先生も生徒も驚く日本の「伝統・文化」再発見２ 行事と祭りに託した日本人の願い	松藤　司	2,000円
先生と子どもたちの学校俳句歳時記	星野高士・仁平　勝・石田郷子	2,500円
子どもが一瞬で書き出す！"４コマまんが" 作文マジック	村野　聡	2,100円
学テ国語Ｂ問題──答え方スキルを育てる授業の布石	椿原正和	2,000円
算数・数学		
数学で社会／自然と遊ぶ本 日本数学検定協会	中村　力	1,500円
早期教育・特別支援教育　本能式計算法──計算が「楽しく」「速く」できるワーク	大江浩光・押谷由夫	2,000円
学テ算数Ｂ問題──答え方スキルを育てる授業の布石	河田孝文	2,000円

社会

子どもを社会科好きにする授業	谷 和樹	2,000円
中学社会科 "アクティブ・ラーニング発問" ——わくわくドキドキ地理・歴史・公民の難単元攻略ポイント	峯 明秀	2,000円
アクティブ・ラーニングでつくる新しい社会科授業——ニュー学習活動・全単元一覧	北 俊夫・向山行雄	2,000円
教師と生徒でつくるアクティブ学習技術——「TOSSメモ」の活用で社会科授業が変わる！	向山洋一・谷 和樹・赤阪 勝	1,800円
クイズ主権者教育——ウッソー？ホント！ 楽しい教材71	河原和之	2,000円
新社会科討論の授業づくり——思考・理解が深まるテーマ100選	北 俊夫	2,000円
有田式 "発問・板書" が身につく！ 社会科指導案の書き方入門	沼澤清一	2,000円
新中学社会の定期テスト——地理・歴史・公民 全単元の作問技法&評価ポイント	峯 明秀	2,100円

理科

子どもが理科に夢中になる授業	小森栄治	2,000円
簡単・きれい・感動‼——10歳までのかがくあそび	小森栄治	2200円

英語

教室に魔法をかける！ 英語ディベートの指導法—英語アクティブラーニング	加藤 心	2,000円

音楽

子どもノリノリ歌唱授業——音楽+身体表現で "歌遊び" 68選	飯田清美	2,200円

図画・美術

丸わかりDVD付！ 酒井式描画指導の全手順・全スキル（絵画指導は酒井式 パーフェクトガイド）	酒井臣吾・根本正雄	2,900円
酒井式描画指導法——新シナリオ、新技術、新指導法（絵画指導は酒井式で！パーフェクトガイド）	酒井臣吾	3,400円
ドーンと入賞！ "物語文の感想画" ——描き方指導の裏ワザ20	河田孝文	2,200円
どの子も図工大好き！——酒井式 "絵の授業" よういスタート！ここまで描けるシナリオ集	寺田真紀子・酒井臣吾	2,200円
酒井式描画指導で "パッと明るい学級づくり" 1巻——低学年が描くイベント・行事＝親が感動する傑作！題材30選	酒井臣吾・神谷祐子	2,200円
酒井式描画指導で "パッと明るい学級づくり" 2巻——中学年が描くイベント・行事＝描けた！達成感ある傑作！題材30選	酒井臣吾・上木信弘	2,200円
酒井式描画指導で "パッと明るい学級づくり" 3巻——高学年が描くイベント・行事＝学校中で話題の傑作！題材30選	酒井臣吾・片倉信儀	2,200円

体育

子供の命を守る泳力を保証する——先生と親の万能型水泳指導プログラム	鈴木智光	2,000円
運動会企画——アクティブ・ラーニング発想を入れた面白カタログ事典	根本正雄	2,200円
全員達成！ 魔法の立ち幅跳び——「探偵！ナイトスクープ」のドラマ再現	根本正雄	2,000円
世界に通用する伝統文化——体育指導技術	根本正雄	1,900円
発達障害児を救う体育指導—激変！感覚統合スキル95	根本正雄・小野隆行	2,300円

道徳

子どもの心をわしづかみにする「教科としての道徳授業」の創り方	向山洋一・河田孝文	2,000円
「偉人を育てた親子の絆」に学ぶ道徳授業 <読み物・授業展開案付き>	松藤 司＆チーム松藤	2,000円
あなたが道徳授業を変える	櫻井宏尚・服部敬一・心の教育研究会	1,500円
中学生にジーンと響く道徳話100選——道徳力を引き出す "名言逸話" 活用授業	長谷川博之	2,000円

教室ツーウェイNEXT

教室ツーウェイNEXT創刊記念1号——特集：アクティブ・ラーニング先取り体験！	教室ツーウェイNEXT編集プロジェクト	1,500円
教室ツーウェイNEXT創刊2号——特集：非認知能力で激変！子どもの学習態度50例	教室ツーウェイNEXT編集プロジェクト	1,500円
教室ツーウェイNEXT 3号——特集：新指導要領のキーワード100	教室ツーウェイNEXT編集プロジェクト	1,500円
教室ツーウェイNEXT 4号——特集："合理的配慮" ある年間プラン&教室レイアウト63例	教室ツーウェイNEXT編集プロジェクト	1,500円
教室ツーウェイNEXT 5号——特集："学習困難さ状態" 変化が起こる授業支援60	教室ツーウェイNEXT編集プロジェクト	1,500円